A MON FRÈRE

LE GÉNÉRAL DE CHABRON

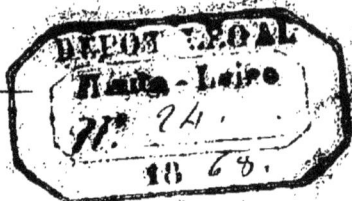

NOTRE PAYS & NOTRE MÈRE

DESCRIPTIONS

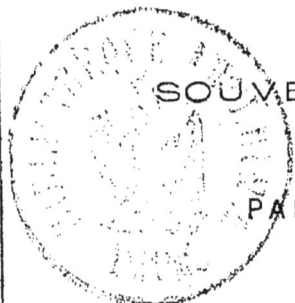

SOUVENIRS, LÉGENDES

PAR H. DE CHABRON

Prix : 1 Fr.

LE PUY

TYPOGRAPHIE ET LITHOGRAPHIE M.-P. MARCHESSOU

1868

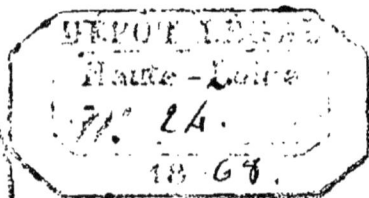

NOTRE PAYS & NOTRE MÈRE

A MON FRÈRE

LE GÉNÉRAL DE CHABRON

NOTRE PAYS & NOTRE MÈRE

DESCRIPTIONS

SOUVENIRS, LÉGENDES

PAR H. DE CHABRON

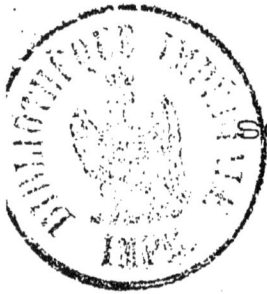

Prix : 1 Fr.

LE PUY

TYPOGRAPHIE ET LITHOGRAPHIE M.-P. MARCHESSOU

1868

I

Mon frère bien-aimé, tu me l'as dit souvent ;
Aux champs la vie est douce et le cœur est content ;
Tout y plaît, tout séduit ! les moissons ondoyantes,
Les vergers, les ruisseaux, leurs rives verdoyantes,
L'ombrage des forêts et le chant des oiseaux,
Le rude laboureur allant à ses travaux,
Grands et petits troupeaux qu'on mène au pâturage,
Tout enfin nous redit les jours du premier âge.

Ami ! les champs ainsi, pour moi c'est le repos ;
Là, j'ai la paix du cœur ; là, j'ai l'esprit dispos.
Que faire en ce loisir ? Rêver, penser et lire ?
Oui, mais parfois encore, il me plaira d'écrire.

Autrefois, tu le sais, j'aspirais au bonheur,
Et dans mes songes vains je voyais la lueur
Des horizons nouveaux illuminer l'espace
Et d'un monde vieilli venir changer la face.

C'était illusion ! le Dieu de l'univers
Sur ce qu'il a créé, seul a les yeux ouverts ;
Respectons ses décrets, soumettons-nous sans crainte
A l'immuable loi de sa volonté sainte.
Ah ! que j'aime bien mieux, lui laissant l'avenir,
A ceux qui ne sont plus, donner un souvenir !
Ces champs que nous foulons nous parlent de nos pères :
Eh bien ! qu'au ciel pour eux s'élancent nos prières ;
Réveillons le passé dans nos cœurs oublieux,
Et prions pour les morts qui furent nos aïeux.

Sous les ombrages frais d'un arbre séculaire,
Revenant aux vieux temps que savait notre mère,
Plein de ses souvenirs, je veux dire en mes vers
Ce qu'elle m'apprenait dans ses récits divers ;
Sur ses pas, au hasard, contemplant la nature,
Je n'irai pas au loin chercher une aventure ;
Nos histoires, nos bois, nos sites, nos torrents
Suffiront à remplir le premier de mes chants.

Puis, je verrai plus tard, si les temps où nous sommes
Ont toujours progressé pour le bonheur des hommes ;
Une muse plus grave inspirera ma voix,
Et de la vérité me dictera les lois.

II

Sur un des beaux versants où naissent les Cévennes,
Loin du bruit des cités, à l'ombre de vieux chênes,
Où travaillaient en paix de joyeux laboureurs
Nourrissant leur famille au prix de leurs sueurs,
Fut bâti Monistrol, antique monastère.
Le bon moine en ces lieux adressait sa prière
A ce Dieu tout-puissant, soutien des malheureux,
Qui sur les affligés veille du haut des cieux.
Les enfants des hameaux, d'un commerce facile,
Se groupèrent bientôt autour de cet asile,
Et chaque jour de fête ils unirent leurs chants
Aux chants sacrés du prêtre, et leurs mâles accents,
En élevant vers Dieu leurs pieuses pensées,
Attirèrent du ciel ces fertiles rosées
Qui donnent l'abondance, et font aux travailleurs,
En comblant leurs greniers, oublier leurs labeurs.

Dans ce modeste lieu tout devenait prospère ;
Pour le pauvre abondait le pain du monastère ;

Et l'on vit maintes fois les pieux pèlerins,
Sur le seuil, en sortant, donner à pleines mains.

Le riche aussi, lassé des plaisirs de la ville,
Cherchant pour son repos une plage tranquille,
Et s'abritant un jour sous les murs du couvent,
Promettait au départ d'y revenir souvent.

III

Illustre rejeton de cette noble race,
Qui près de nos vieux rois sut conserver sa place,
L'Evêque de Bourbon visitant Monistrol
Un jour, fut captivé par les beautés du sol.
Un castel, dont les murs attestaient la durée,
Des Evêques du Puy, seigneurs de la contrée,
Etait la résidence. « On le restaurera,
» Dit Bourbon, et par lui mon renom grandira.
» Ici je veux placer tes restes, ô ma mère !
» Ici je veux fonder une sainte prière
» Qui t'accompagne au ciel, et s'il faut que ton nom
» Soit par tous oublié, qu'au moins de ton pardon

» Se conserve en ces lieux l'éternelle mémoire :

» Qu'un vaste monument, dont parlera l'histoire,

» Rappelle aux habitants de cet heureux pays

» Et les pleurs de la mère et le culte du fils (1). »

Bientôt on vit sortir du sein de la montagne

Un immense palais digne d'un Charlemagne :

Ce colosse, flanqué de deux énormes tours,

Egala la richesse et le luxe des cours ;

L'or ruisselait partout ; le marbre, les tentures,

Les merveilles du goût ajoutant leurs parures

Aux chefs-d'œuvre de l'art, firent de ce séjour

Le plus brillant manoir des pays d'alentour.

Un parc, aux longs circuits, de sa vaste envergure

Ombrageait ce palais, et le sombre murmure

Des eaux de deux torrents qui coulaient à ses pieds,

Mêlait aussi son charme aux concerts variés

Des doux chanteurs ailés dont le tendre ramage

---

(1) Jean de Bourbon, Evêque du Puy, était un enfant naturel ; le nom de sa mère n'est pas arrivé jusqu'à nous. Elle fut enterrée dans l'église de Monistrol. Monseigneur de Bourbon, pour perpétuer son souvenir, fonda dans cette église une messe, sous le nom de messe bourbonnienne, qui s'y célébrait tous les jours.

Eveillait leurs petits cachés dans le feuillage.

Tout était ravissant ! Du haut de ce vallon,

Les yeux se reposaient sur un vaste horizon,

Et l'art voulant encore embellir la nature,

S'y distingua partout par son architecture.

Là, les dieux, que la Grèce avait faits immortels

Retrouvaient à la fois des temples, des autels,

Et l'artiste à leur front rendant le diadème,

Multipliait pour eux l'attribut ou l'emblème.

Bacchus, le vieux Bacchus, auprès de son tonneau,

Attendait pour l'emplir les raisins du coteau.

Vénus, aux doux regards, dont la simple parure

Egalait sans effort l'attrait de la nature,

Assise mollement sur les fleurs du gazon,

Tenait sur ses genoux le malin Cupidon.

Neptune au front bruni, les yeux fixés sur l'onde,

Armé de son trident aussi vieux que le monde,

N'avait pas à calmer les eaux de ces bassins,

Dans ces riants bosquets les cieux étaient sereins.

Pan, sa flûte à la main, des oiseaux du bocage

Essayait vainement d'imiter le langage.

L'Olympe tout entier en ce brillant séjour,

Semblait, sans nul regret avoir formé sa cour,

Attiré par l'éclat de cet heureux domaine,

Où la beauté de l'art régnait en souveraine.

Le grand œuvre accompli, tout changea dans ces lieux,
La charité tendit la main aux malheureux,
Un facile travail y prodigua l'aisance
Pour l'ouvrier, le luxe engendra l'abondance.

Ce contact journalier d'hommes aux nobles cœurs,
De nos durs montagnards vint policer les mœurs.
Moins rude désormais sous la serge ou la bure
Qui servait d'enveloppe à leur franche nature,
Pour le bonheur de qui savait les rendre heureux,
Pleins de reconnaissance ils formèrent des vœux.

Donc, tous vivaient en joie auprès de cet asile.
Le riche s'y plaisait; il lui devint facile
D'amasser pour le ciel cet immense trésor
Que l'on trouve au réveil. C'était un âge d'or;
La franchise y régnait : point de luttes rivales,
Point d'intrigues de cour, point de lâches cabales,
Chacun gardait sa place au coin de son foyer,
Le maître restait maître, et le bouvier, bouvier.

Que de bons habitants, à l'ombre des charmilles,
Purent tout à loisir élever leurs familles !
Et l'enfant tout petit, en sortant du berceau,

Goûtant à pleins poumons l'air pur de ce coteau,
Apprenait au début, sur le sein de sa mère,
A bégayer des noms que l'histoire vénère.

L'époque est loin de nous, où ce noble seigneur
Vint dans ce beau séjour oublier sa grandeur :
Les restes mutilés des arbres séculaires
Dont les troncs vermoulus, soutenus par des lierres,
Ont résisté quand même à l'orage du temps,
De leur antiquité nous sont de sûrs garants.
Mais le temps a marché, tout avec lui s'écoule ;
Et souvent dans sa course il passe sur la foule
Sans lui laisser, hélas ! le moindre souvenir.
Mais dans ce court passage où l'homme doit mourir,
Que du moins ses vertus aient trace sur la terre,
Le bien que l'on y fait n'aura rien d'éphémère ;
Lorsque du genre humain on rêve le bonheur,
On a conquis de droit la mémoire du cœur.

Soyez, soyez béni, vous qui, sur cette plage,
De vos nombreux bienfaits laissâtes, d'âge en âge,
Un touchant souvenir ; les siècles ont passé,
Mais votre nom toujours y restera tracé.
On se rappelle encor tout ce que vous y fites,

Nos neveux l'apprendront ; ils sauront que ces sites,
Asile préféré d'un prince de haut rang,
Durent à son amour un destin florissant.

IV

Tôt ou tard ce château devait changer de maître ;
Cette terre est ainsi, tout naît pour disparaître.
Les nouveaux successeurs de l'illustre Bourbon,
Firent aussi régner les splendeurs, le grand ton
Et le luxe des cours ; la noble résidence
Resta, comme devant, la villa de plaisance
Des Evêques du Puy. Qu'ils aimaient à venir
Dans ce séjour rustique, y goûter le plaisir
Qu'on ne trouve qu'aux champs ! là, toujours leur pré-
[sence
Faisait naître la joie ainsi que l'abondance ;
Et les bienfaits, éclos sous chacun de leurs pas,
Montraient qu'il est encor des bonheurs ici-bas.

Pourquoi n'avait-on pas, partout sur cette terre,
Ce bien-être assuré ? Pourquoi des cris de guerre

Déjà retentissant dans un sombre lointain ;

Présage douloureux d'un fatal lendemain !

C'est que des rois alors, enflés de leur puissance,

Voulaient que tout pliât sous leur obéissance ;

Et leur joug trop pesant forçait les nations

A s'armer du fléau des révolutions.

Et quand parfois le peuple abattait un empire,

Outré dans sa fureur, il voulait tout détruire ;

Foulant d'un pied sanglant l'honneur et le devoir,

Il connut à son tour l'ivresse du pouvoir.

Poussé par ses tribuns qu'animait la vengeance,

C'était la guerre à mort ; et, dans sa violence,

S'il brisait la couronne et le sceptre des cours,

Il retombait moins libre et malheureux toujours,

Ne laissant après lui que la triste mémoire

D'une tache de sang dont il souillait l'histoire.

Tel l'imprudent nocher qui, dans son fol orgueil,

Se joue à défier la tempête et l'écueil ;

Tout prêt à s'engloutir au profond de l'abîme,

Il veut par mille efforts escalader la cime,

En vain l'âpre océan résiste au passager,

Le passager s'élance au mépris du danger.

« Si je pouvais, dit-il, par ma noble vaillance,

» Monter plus haut, toujours plus haut!!! » vaine espé-

[rance !

Il n'a pas su guider l'esquif qui le portait,
Il a touché l'écueil, s'y brise et disparaît.

Telle, dans le chaos, on vit un jour la France
S'abîmer tout entière, et le peuple en démence,
Ivre de ses transports et devenu cruel,
Renverser d'un seul coup et le trône et l'autel.

Que devenir, hélas ! dans ce moment suprême !
La fureur des méchants s'attaquait à Dieu même ;
Plus d'espoir de salut fidèle aux gens de bien ;
Où chercher le secours, où trouver le soutien ?
Qui voulut, en ces jours, lutter contre l'orage,
Se heurta, se broya contre la folle rage
De ces monstres humains aux deux bras teints de sang,
Pour qui le criminel, seul parut innocent.
Ils avaient entonné leur dernier cri de guerre ;
Un haillon rouge ou noir leur servait de bannière ;
Immolant leur pays qu'ils voulaient rajeunir,
Par le deuil et la mort ils croyaient en finir.
Détestables moyens pour créer le bien-être !
Ah ! si Quatre-vingt-neuf avait sa raison d'être !
Et si, dans l'avenir, les révolutions

Peuvent, vers le progrès, pousser les nations,
Feront-elles jamais oublier tant de crimes,
Et l'échafaud hideux et le sang des victimes?
Le progrès coûte-t-il de semblables douleurs ! !
Voyez Quatre–vingt-treize, et voyez ses horreurs ;
Voyez ces forcenés, dans leur rage cruelle,
Promener en tous lieux la torche criminelle !
Voyez la liberté, pâle sous le bâton ;
On l'adore, on la tue ! aussi que disait-on
En la voyant l'objet de ce culte adultère ?

    La liberté fut un beau nom,
    Ecrit en fort beau caractère,
    Aux portes de chaque prison.

V

Pendant ces mauvais jours où la raison s'égare,
Où le grand peuple Franc redevenait barbare ;
Sous ce régime affreux, régime de la peur,
Que l'histoire a nommé de ce nom : LA TERREUR !
Et que la plume en deuil à peine ose décrire.
Monistrol eut aussi son moment de délire :

Emporté par le flux qui remontait toujours,

Mon calme et cher pays connut les mauvais jours.

On vit des citoyens vénérés, nos modèles,

Indignement ravis à leurs foyers fidèles,

Et jetés dans les fers comme des malfaiteurs !

Rien ne put des tyrans arrêter les fureurs.

Ni pitié ! ni remords ! on voyait à toute heure

De jeunes orphelins, chassés de leur demeure,

Demander à grands cris de suivre leurs parents

Pour souffrir avec eux leurs peines, leurs tourments.

Mais ces hommes sans cœur, aux hideuses colères,

Des enfants éplorés rejetaient les prières,

Les laissant au hasard, sans appui, sans soutien,

Chassés du toit natal et privés de leur bien.

Les monstres épuisés de meurtre et de carnage,

Sur les propriétés assouvirent leur rage ;

De ce vaste palais qu'ils n'ont pu renverser

Qu'est devenu le parc ? Ils n'ont fait que passer

Et nous n'y trouvons plus ces temples, ces beaux marbres

Si richement sculptés, ces vergers, ces vieux arbres,

Ces bassins, ces bosquets, invitant aux plaisirs ;

Hélas ! rien n'est resté ! rien que les souvenirs.

Seul le château géant plus puissant que l'orage,

Des Vandales d'alors a défié l'outrage ;
Il plane encore intact sur le riche vallon
Où la Loire en rampant déroule son sillon.

A ces crimes affreux nous avons peine à croire,
Mais ces faits resteront dans l'implacable histoire,
Ils vivront plus que nous ; qu'ils servent de leçons
A ces nouveaux rêveurs de révolutions !
Pour nous, laissons au temps d'accomplir sa promesse,
Ne précipitons rien, restons soumis sans cesse
A la loi du devoir ; ne nous exposons plus
A tomber de nouveau dans les mêmes abus.

VI

Un siècle aura bientôt emporté sur son aile
La révolution, mais nous vivons en elle
Par tant de souvenirs que ces temps malheureux
Ont laissés dans nos cœurs. Malgré nos chants joyeux
Quand le calme revint, malgré nos jours de fête,
Nous frémissons encor du souffle de tempête

Qui dans l'ombre et l'effroi fit sombrer nos aïeux,

Par le penser toujours nous vivons avec eux.

Nos parents nous ont dit leur tourment, leur misère ;

Pour moi, mêlant mes pleurs, aux pleurs de notre mère,

J'écoutais ses récits qui me portaient au bien,

Qui, mieux que toi le sut ? elle narrait si bien ;

Mon frère ! il t'en souvient ; son heureuse mémoire

Ne tarissait jamais ; dans ce vrai répertoire (1)

Chaque vieux souvenir était si bien classé,

Que jamais de l'entendre on ne se fût lassé.

— Elle me rappelait les jours de son jeune âge,

Ses amis, ses parents et leur noble entourage.

— Madame de Béget dirigeant le couvent (2)

Où la plaça sa mère encore toute enfant.

— Elle peignait si bien les traits, le caractère

(1) Madame de Chabron, née de Charbonnel-Jussac, avait été élevée dans la maison royale de Saint-Cyr, fondée par Madame de Maintenon. Elle avait une mémoire si prodigieuse qu'à l'âge de 87 ans, ayant conservé toutes ses facultés, elle récitait des milliers de vers.

(2) Madame de Chabron, avant d'aller à Saint-Cyr, passa ses premières années auprès de sa tante Madame de Béget, qui était alors supérieure des dames Ursulines de Monistrol. Ce couvent existe encore aujourd'hui, les jeunes personnes y reçoivent une bonne éducation religieuse.

De ce bon Père Armand (1), prieur du monastère (2),
Que je le vois d'ici sous son brun capuchon,
Un bâton à la main parcourant le vallon.
— Jamais rien n'épuisait cette grande mémoire,
Sur tout nouveau sujet, une nouvelle histoire.
— Avec elle j'allais visiter ce château (3)
Dont j'ai dit les splendeurs et le passé si beau.
— De ce parc autrefois éclatant de prodiges,
Quoiqu'il ne restât plus que de faibles vestiges,
Elle aimait à les voir, voulait les parcourir,
Chaque débris pour elle était un souvenir.
Elle aimait à parler des jeux de son enfance,
De ce qu'elle avait vu dans cette résidence,
Surtout de la bonté de ses maîtres puissants.

« Vois-tu, me disait-elle, en ce lieu, tous les ans,
» Le prélat de sa main couronnait la rosière,

(1) Le Père Armand était le frère de M. de Charbonnel.

(2) Le cloître des Capucins a été depuis lors considérablement agrandi et embelli. Ce vaste établissement est aujourd'hui un petit séminaire renommé qui contribue puissamment à donner de l'aisance et de l'animation à la petite ville de Monistrol.

(3) La moitié de ce vaste établissement appartient à la ville de Monistrol ; ce beau local est l'établissement des frères des écoles chrétiennes.

» Puis il la bénissait sous les yeux de sa mère.

» Là-bas était un temple auprès de ce bassin ;

» La vigne s'y plaisait et le jus du raisin

» Egaya bien souvent tous les nombreux convives

» Qui venaient au château ; là, c'était des eaux vives

» Qui sortaient d'un rocher ; plus loin des arbresverts

» Abritaient des vergers de fruits toujours couverts :

» Tout à l'extrémité de cette vaste enceinte

» Le promeneur distrait trouvait un labyrinthe

» Où souvent par mégarde il égarait ses pas.

» Viens, continuait-elle, on ne se lasse pas

» En visitant ces lieux ; étant toute petite,

» Mes jambes de dix ans pouvaient aller plus vite ;

» Mais donne-moi ton bras, il peut bien soutenir

» Ta bonne et vieille mère. Ecoute un souvenir :

» Mon père au noble cœur devait quitter la France,

» Son devoir l'appelait pour venger une offense

» Qu'un peuple d'outre-mer avait faite au drapeau (1).

» Bien loin de redouter le poids d'un tel fardeau,

» Il prévoyait qu'un jour sur ces plages lointaines

» La fortune saurait faire oublier ses peines.

(1) Guerre d'Amérique.

» Avant de s'exposer aux fatigues des camps,

» Il voulut embrasser sa femme et ses enfants

» Et passer quelques jours auprès de sa famille :

» Puis il serra la main des amis de la ville,

» Et lorsque dans ses bras il nous fit ses adieux,

» Le prélat le bénit..... Il fut victorieux.. »

Après ce court récit qui peignait ses alarmes,

De ses yeux animés je vis couler des larmes :

« Hélas ! ajouta-t-elle, il devait repartir,

» Mais cette fois c'était pour ne plus revenir (1). »

A ces mots je compris le trouble de son âme,

Et je la vis pâlir ; son doux regard de flamme

Plongeant dans le passé lui faisait entrevoir

Tous ces êtres chéris qu'elle n'a pu revoir.

Nous cheminions ainsi, je la laissais pensive,

La douleur au toucher, comme la sensitive,

Frémissante s'émeut ; il n'est pour l'adoucir

Que l'invincible espoir d'un meilleur avenir.

---

(1) M. de Charbonnel-Jussac, lieutenant-colonel d'artillerie, commandait l'avant-garde de l'artillerie du prince de Condé ; il fut tué sur ses pièces le 17 mai 1793.

VII

Alors portant nos pas vers ces lieux solitaires,
Où nous trouvons debout quatre arbres séculaires :
— « Asseyons-nous ici tout près de cet ormeau,
» De ce point élevé le paysage est beau ;
» Nous pourrons contempler les arides montagnes,
» Ces bois touffus, la Loire et ces vertes campagnes.
» Vois-tu dans le lointain les débris d'un château ?
» Ce fut Roche-Baron, assis sur un coteau ;
» Malgré ses grosses tours, ses triples murs d'enceinte,
» Il dut fléchir aussi sous cette rude étreinte
» Du temps qui détruit tout. Autrefois le baron ,
» Armé de pied-en-cap, quitta son vieux donjon
» Pour voler au secours de cette terre sainte
» Qui vit naître le Christ : il s'embarqua sans crainte ;
» Bien loin de son manoir, suivi de ses enfants,
» Il alla tenir tête aux cruels Musulmans.
» A Nicée, il vainquit, et sa valeur guerrière
» Sur les tours d'Antioche ennoblit sa bannière ;
» Il baigna son coursier dans les eaux du Jourdain,

» Jusqu'aux murs de Solyme il arriva : soudain

» Le sort l'abandonnant, il tomba plein de gloire ,

» Digne du nom de preux que lui donna l'histoire.

» Ses fils, après avoir pleuré sur son trépas,

» L'apportèrent ici dans les caveaux de Bas (1).

VIII

Puis m'indiquant du doigt, au fond d'un précipice ,
Des rocs dont la nature un jour dans son caprice
A hérissé le sol , elle me rappela
Cette vieille l'gende, écoute et retiens-la.

« Regarde ici tout près, dans ces gorges arides,

» Le fond de ce ruisseau dont les ondes rapides

» De rochers en rochers tombent en mugissant,

» Et portent jusqu'à nous leur bruit retentissant.

» Sur l'un et l'autre bord, vois ces roches pendantes

(1) Bas, petite ville à 6 kilomètres de Monistrol, sur lesbords
de la Loire, bâtie sous les ruines de l'ancien château de Roche-
Baron.

» S'incliner vers l'abîme, ou ces pierres branlantes

» Se dresser vers le ciel. Autrefois nos aïeux

» Dont le cœur abondait en sentiments pieux,

» Ne pouvant s'expliquer ces jeux de la nature,

» Croyaient que le démon, apôtre d'imposture,

» Lui-même avait tassé tous ces blocs suspendus.

» C'est là-bas, disaient-ils, que jadis un reclus,

» Entrant dans ce caveau qu'on nomme Saint-Antoine,

» Creusé sous ce rocher à figure de moine,

» S'obligea d'y rester pendant toute une nuit,

» En prière, à genoux, sans souci d'aucun bruit.

» On ne sait de quel crime il se sentait coupable ;

» Mais l'ardeur de sa foi, son remords implacable,

» L'entraînèrent ici pour pleurer et gémir.

» Les démons, furieux d'un si grand repentir,

» Firent autour de lui le plus affreux vacarme,

» Afin de le remplir d'épouvante et d'alarme.

» L'un, soulevant le lit du paisible torrent,

» Le rendit tortueux, rapide, bondissant.

» L'autre, traînant des blocs sur la plus haute cime,

» Avec un grand fracas les roulait dans l'abîme.

» Plusieurs contrefaisaient le cri des animaux,

» Des chacals, des lions, des tigres, des taureaux.

» Un surtout, s'approchant de l'étroite ouverture,

» Par où, jusqu'au reclus, descendait fraîche et pure

» La clarté de la nuit, l'insultait de son mieux,

» Vomissant contre lui des propos odieux.

» Même on dit qu'achevant cette œuvre malhonnête,

» D'un liquide innommable il arrosa sa tête.

» Cependant le reclus, de frayeur tout transi,

» Répétait maint *Ave*, maint *Gloria Patri*.

» La nuit lui parut longue et l'épreuve terrible.

» Dans ces mêmes terreurs, dans cette angoisse horrible.

» Dieu, touché de ses pleurs, enfin le secourut :

» Un Ange avec le jour dans la grotte apparut.

» Demandez, lui dit-il, ô pieux solitaire,

» Tout ce que vous voudrez, je suis prêt à le faire.

» Mais l'homme dans son froc soudain s'était blotti ;

» Il se croyait trompé ; les *Gloria Patri*

» Et les *Sicut erat* devenaient plus rapides.

» Voyons ! raffermissez des pensers trop timides,

» Dit l'Ange, en s'adressant à notre bon reclus,

» Je viens vous secourir ; mais il n'obtenait plus

» Que *des Sicut erat* en forme de réplique.

» Enfin prenant au mot sa tremblante supplique :

» Halte-là, cria l'Ange, aux démons étonnés,

» Les crimes de cet homme ont été pardonnés ;

» Dieu sait prendre en pitié ceux qui font pénitence :

» Vous qui raillez si bien, tremblez sous ma puissance,

» J'exaucerai le vœu par ce moine formé ;

» Donc, que chacun de vous en rocher transformé,

» Immobile et debout se fige à cette place.

» Le premier qui sentit l'effet de la menace,

» Fut le diable insulteur : tu le vois incliné

» Sous la forme d'un bloc, triste et capuchonné.

» Un autre pour bondir s'élançait à la hâte,

» Il s'arrêta tout court ; le voilà c'est Pilate.

» Caïphe son voisin rêvait le même saut,

» Mais collé sur sa base, il se trouva penaud.

» Bilhard (1) rallume en vain sa rage la plus vive,

» La boule qu'il lançait de l'une à l'autre rive

» S'attacha sur le roc. Les autres diablotins,

» Les farfadets rieurs et les esprits lutins,

(1) Ce coteau porte le nom de *côtes de Bilhard,* on y voit le
caveau de St-Antoine et les rochers qui portent le nom de
Pilate, Caïphe, etc.

» N'entendant plus la voix des chefs de leur phalange,

» Comprirent que du ciel était venu quelque Ange

» Pour sauver le reclus, et tournant le talon,

» Laissant tout en désordre en ce pauvre vallon,

» Ils s'enfuirent tremblants et saisis d'épouvante. »

. . . .

. . . .

Gai récit d'une mère à l'enfant qu'elle enchante !

O mort ! ô dure mort ! tout est donc sous tes lois !

Que ne puis-je, ô ma mère, entendre encor ta voix !

—

IX

En d'autres entretiens, souvent ma bonne mère

Me redisait le nom, les faits, le caractère

Des nombreux visiteurs qui venaient chaque jour

De l'Evêque du Puy former la grave cour :

Monseigneur de Gallard sous un aspect sévère

Cachait la plus belle âme, et dans son ministère

Il fut doux, il fut bon et surtout tolérant :

A ceux qui l'entouraient il répétait souvent ;

« Tous n'ont pas été mis par Dieu sur cette terre,

» Pour que leurs jours entiers s'écoulent en prière ;

» Dieu comptera surtout les bonnes actions,

» Le travail est aussi le frein des passions. »

Alors prêchant d'exemple, il quittait la colline

Et visitait la veuve et la pauvre orpheline,

Leur faisant entrevoir un meilleur avenir

Pour ceux qui, craignant Dieu, veulent bien le servir.

Que de fois on le vit entrer dans la chaumière !

Du pauvre, avec amour, il aidait la misère,

Et ressortait joyeux, car l'aumône enrichit,

Et celui qui la fait a le meilleur profit.

Chaque fois qu'un seigneur venait dans ces parages

Apporter au prélat des vœux et des hommages,

Pour Monistrol entier c'était jour de bonheur,

Tous en foule accouraient pour fêter Sa Grandeur.

Mais, que je laisse encor la parole à ma mère,

Ecoutons-la parler cette voix qui sut plaire.

« Un jour, c'était je crois dans le courant de mai,

» Le printemps revenu, le peuple était plus gai.

» Monseigneur recevait un puissant personnage ;

» Le duc de Polignac voulait à son passage

» S'arrêter en ces lieux. Un favori du roi !

» Certes ! c'était à mettre une ville en émoi.

» Pour recevoir le duc, pour fêter sa venue,

» Le peuple tout entier se groupa dans la rue :

» Du sein de cette foule on vit l'abbé Dutreuil,

» Vieillard aux pas tremblants, s'avancer sur le seuil

» Des portes du palais, saluer l'Excellence,

» Et chanter ces couplets faits pour la circonstance :

1er COUPLET.

Monsieur le duc vous recevoir

Ce n'est pas un petit affaire,

J'y ons mis tout notre savoir

Et je n'ons fait que de l'eau claire,

Mais les grands recherchent le cœur,

Or, vous l'avez charmant seigneur. *(bis.)*

2e COUPLET.

Qu'on ne dise plus que not' Puy

N'est pas connu de tout' la France,

Puisque l'on sait que c'est chez lui

Qu' les Polignac ont pris naissance,

Ma foi, sans ça, nous l'avouons,

L'on n' saurait pas si nous vivons. *(bis.)*

3e Couplet.

Voyez ce p'tit qu'il est joli !

Du plus beau couple c'est l'image,

Voyez la douceur et l'esprit

Comm' ça s'y voit sur son visage :

Ma foi, s'il étions si joli,

C'est qu'il avions de qui teni. *(bis.)*

« Merci, monsieur l'abbé, répondit l'Excellence,

» Je garderai longtemps la bonne souvenance

» De l'accueil empressé qu'on me fait aujourd'hui ;

» Pour vous, monsieur l'abbé, comptez sur mon appui.

» Quelques mois écoulés, il tenait sa promesse ;

» Déjà de toutes parts cette fatale ivresse

» Qui sema tant de haine, au fond de tant de cœurs,

» Allait multiplier le crime et les fureurs.

» Le trône allait sombrer devant la république,

» Partout se propageait une terreur panique,

» Partont elle étendait déjà son voile noir,

» La rage des partis ébranlait le pouvoir.

» Cris de deuil, cris d'effroi, de meurtre ou de vengeance !

» Le duc alors, forcé d'abandonner la France,

» Dut, sous peine de mort, fuir devant le péril.

» Le digne abbé Dutreuil partagea son exil. »

X

O proscrits ! ô martyrs que la mort vit sans crainte,

Qui, dans nos souvenirs, avez laissé l'empreinte

De toutes vos vertus, sortez de vos tombeaux,

Parlez ! Nous direz-vous le nom de vos bourreaux !

« A quoi bon ? disent-ils ; le martyr qui succombe

» Ne sait que le pardon, nous du seuil de la tombe,

» Nous demandions au ciel que nos derniers neveux

» Et les leurs, plus que nous fussent toujours heureux. »

Oublions donc comme eux les méchants et leurs crimes,

Et ne nous rappelons que les grandes victimes,

Que leurs exemples purs et les nobles bienfaits,

Que prodigua leur vie autour de ce palais.

Illustre de Gallard, à vous donc nôtre hommage ;
Vous avez en ces lieux marqué votre passage ;
Votre nom a pris place entre les plus beaux noms ;
L'avenir l'apprendra, les générations
Le rediront longtemps, et votre âme si belle
Verra du haut des cieux une foule nouvelle,
Toujours prête à bénir le vénéré pasteur
Qui de son cher troupeau fut le consolateur.

Mais que l'homme, Seigneur ! est changeant et frivole !
Du bien que l'on a fait le souvenir s'envole
Sur l'aile de l'esprit qui nous conduit au mal ;
Le temps passe, tout rentre en son état normal.

Hélas ! qui l'aurait cru ? qu'au milieu de l'orage,
On ne respecterait ni son rang, ni son âge,
Et que ce bon vieillard aurait ses mauvais jours ?
Qui l'aurait cru, grand Dieu ? Mais racontons toujours !
Malgré tous ses efforts pour calmer la tempête,
Il dut se résigner à quitter sa retraite ;
Au seuil de son palais, le prélat bienfaisant,
Rencontra la menace et les hommes de sang ;
Tigres qui, de fureur frémissaient à sa vue,
Le bruit d'une arme à feu retentit dans la rue

L'attentat s'attaquait aux jours de Monseigneur !

Mais lui, l'homme du Christ, insensible à la peur,

Il subit sans pâlir le péril et l'outrage ;

Rien ne put altérer les traits de son visage ;

Il conserva son calme et désertant ces lieux,

Il bénit ses bourreaux.... tels furent ses adieux !

Nos pères n'ont jamais revu cette grande âme,

Mais elle est avec nous, tout ici la proclame :

Voyez cet édifice où de pieuses sœurs

Par leurs soins assidus savent sécher les pleurs !

Là, tous les malheureux, les pauvres de la ville,

Pour la fin de leurs jours, trouvent un sûr asile :

De Gallard l'a créé. Voyez tout à l'entour

D'autres bienfaits encor dans un autre séjour.

Par les soins du prélat, l'enfant apprend à lire ;

Ailleurs, ce sont ces ponts qu'il aimait à construire ;

Ces grands arbres, le charme et l'honneur des chemins,

C'est lui qui les planta ; nos coteaux, nos ravins

Se reboisaient par lui ; pour les propriétaires

Son généreux souci créait les pépinières :

Partout nous retrouvons la trace de ses pas,

C'est qu'à faire le bien il ne se lassait pas.

Un jour, nous l'espérons, et ce grand jour approche,
Nous pourrons réparer les torts qu'on nous reproche,
Et nous verrons grandir un de ces monuments
Que la reconnaissance offre aux grands dévoûments.

XI

Hélas! le grand prélat ne fut pas seul victime
Des fureurs de ce temps où commandait le crime.
Quand l'étendard sanglant fut partout déployé,
Des hommes au cœur dur, frappèrent sans pitié
Les femmes, les enfants, le clergé, la noblesse;
Rien ne leur fut sacré, pas même la vieillesse!

Oui! l'on vit Charbonnel, un vieillard de cent ans,
Chargé de fers, traîné, malgré ses cheveux blancs,
Traîné dans les cachots de Saint-Didier-la-Seauve (1)!
Cruels! quoi! sans respect pour ce noble front chauve!...
Mais qu'importait son âge! il était à vos yeux
Redoutable et funeste... il était vertueux.

(1) Saint-Didier-la-Séauve, petite ville à 10 kilomètres de Monistrol.

Vous n'entendiez donc pas, au fond de vos entrailles,
De vos propres remords les promptes réprésailles !
En proie au cauchemard de songes monstrueux,
Ne trembliez-vous pas que du plus haut des cieux,
Dieu s'armant à la fin d'une juste colère,
Ne fît tomber sur vous le feu de son tonnerre !
Vous l'aviez méconnu, ce Dieu de l'univers ;
Vous blasphémiez son nom, et dans vos cœurs pervers,
Qui ne respiraient plus que crimes, que vengeances,
Vous inventiez toujours de nouvelles souffrances
Pour torturer encor des êtres purs et doux,
Coupables de bienfaits qui parlaient contre vous.

Qu'avait fait ce vieillard, si frêle, si tranquille ?
C'était le bisaïeul d'une noble famille,
Et cela suffisait pour qu'en ces jours d'horreurs,
Il dût subir l'arrêt de vos lâches fureurs.
Il touchait au déclin de sa longue carrière,
Et nul de ses enfants ne ferma sa paupière ;
Des verroux d'un cachot il entendit le bruit,
Ce fut son dernier jour !... il mourut dans la nuit !!!

XII

Ainsi vous résistiez, proscripteurs des familles,
Aux larmes d'une mère, aux sanglots de ses filles !
De Charbonnel-Jussac, fidèle à ses serments,
Avait quitté la France et servait dans les rangs
Du prince de Condé : vous ne pouviez l'atteindre ?
Son épouse, à vos yeux, n'était donc pas à plaindre ?
Elle pleurait pourtant l'absence d'un époux :
Mais qu'importe ! il fallut mettre sous les verroux
Cette femme martyre ! en ces œuvres du lâche,
Vous alliez jusqu'au bout poursuivant votre tâche !
Pourquoi les épargner, ces malheureux enfants ?
Dépouillez-les de tout, faites des indigents !

On vit alors trois sœurs (1), dont une fut ma mère,
Sans asile, sans pain, en proie à la misère,

(I) 1° Madame de Charbonnel, économe générale des Dames
du grand Sacré-Cœur.
2° Madame de Chabron.
3° Madame Jourda de Vaux de Foletier.

S'abriter pauvrement dans un pauvre réduit,
Où souvent à pleurer elles passaient la nuit.

Au milieu des rigueurs de ces temps déplorables,
Il se trouva pourtant des âmes charitables
Qui surent adoucir les chagrins, les ennuis
De ces pauvres enfants et furent leurs appuis.

Quel était cet ami qui, pendant la nuit sombre,
Avançait lentement, en se glissant dans l'ombre,
Pour cacher le bienfait comme un crime. — Son nom
Devra trouver sa place ici : c'était Pagnon (1).
En venant en secret déposer son aumône,
Afin qu'on ignorât cette main qui la donne,
De ces trois jeunes sœurs, devinant les besoins,
Il fuyait inconnu, n'ayant eu pour témoins
Que le Dieu qui voit tout, et que sa conscience.

Oui, la pitié resta fidèle à l'indigence !
Aussi l'on vit encor la boulangère Oudin,
A ces pauvres enfants, fournir toujours du pain.

---

(2) Le docteur Pagnon, jeune encore, montra d'abord un grand enthousiasme pour les idées nouvelles ; mais le fait cité témoigne du moins de la générosité de son cœur.

Pourtant l'œuvre du bien conduisait à l'abîme ;

Les méchants avaient fait de la vertu le crime,

La vertu que fuyaient désormais les respects

Provoquait le péril et faisait des suspects.

XIII

Pendant tes courts congés, tu t'en souviens, mon frère,

Toujours avec bonheur tu retrouvais ta mère,

Assise au même endroit, auprès de son foyer ;

A la faire causer pouvais-tu t'ennuyer ?

Elle avait, par l'étude, acquis tant de science ;

Elle avait assisté, dans sa longue existence,

A tant d'événements, elle avait tant souffert,

Que lorsqu'elle pouvait parler à cœur ouvert

Auprès de ses deux fils trop heureux de l'entendre,

Son cœur se ranimait et sa voix douce et tendre

Exprimait tour à tour la joie ou la douleur,

Suivant que ses récits émouvaient son bon cœur.

Souvent elle parlait de son malheureux père

Qu'elle avait tant aimé ; puis de son jeune frère

Succombant sous les coups de farouches bourreaux,

Et massacré par eux dans les champs des Brotteaux.

Ensuite ses regards se tournaient vers sa mère.

Libre enfin, elle put partager leur misère ;

Ce jour tant désiré fut un jour de bonheur ;

Elle pleurait de joie en pressant sur son cœur

Ses malheureux enfants longtemps perdus pour elle.

L'orage se calmait, une aurore nouvelle

Qui commençait à poindre à l'horizon lointain

De toutes ses douleurs lui présageait la fin.

A la crainte bientôt succéda l'espérance,

Le regard du proscrit se tourna vers la France ;

Il put se prosterner aux pieds de l'Eternel,

Le lugubre échafaud croulait devant l'autel.

Comme un torrent grossi par les eaux d'un orage,

En sortant de son lit, détruit sur son passage

Tout ce qui fait obstacle à ses flots irrités,

Et laisse en se calmant tous ses bords dévastés ;

De même, après ces jours de fureur et de rage,

Où jamais le pouvoir ne sut dompter l'orage,

On vit la nation couverte de tombeaux,

Eperdue, affaissée, et la France en lambeaux :

Il fallut de nouveau rebâtir l'édifice

Effondré tout entier au fond d'un précipice.

XIV

Le règne des méchants allait enfin finir,
Des hommes au cœur droit, au touchant souvenir,
L'olivier à la main, vinrent sécher les larmes
De ces nombreux martyrs, et calmer leurs alarmes.
Que ton nom soit béni, noble et juste Pierray,
Tu fus l'ange sauveur de ce pauvre Velay :
Les victimes d'alors vinrent à ton passage
Pour te complimenter. Une fleur de jeune âge (1),
Dont la noble famille avait eu des revers,
Une enfant à ta gloire improvisa des vers.
Ma mère les savait, sa mémoire si vive
Ainsi les redisait dans leur forme naïve.

Pierray vient essuyer nos larmes,
Il est ici pour les tarir,
Le calme renaît, plus d'alarmes,
Ce n'est qu'aux méchants à pâlir.

1. Mlle Jourda de Vaux de Foletier.

Il est l'ami de la justice
Et Minerve dicte ses lois,
Bons citoyens, sous son auspice,
Nous allons recouvrer nos droits.

Avec lui je vois son épouse
Qui vient embellir nos climats,
Vénus même en serait jalouse
Si les cieux voyaient ses appas.

Pierray, pour le malheur tu te montras propice,
Et toujours et partout prêt à rendre un service.
Le Velay de ton nom garde un tel souvenir,
Que ce nom parmi nous ne doit jamais périr.
Ici-bas ta vertu conquit une couronne :
Tu l'as plus belle aux cieux où c'est Dieu qui la donne.

XV

Grâce aux hommes de bien, le calme put renaître
Et la tempête enfin finit par disparaître.
Nous avions devant nous un nouvel avenir,
La tâche était donnée, il fallait la remplir ;

C'était l'œuvre du temps. Malgré la résistance

Des hommes du passé, qui, dans leur ignorance,

Voulurent de leurs dieux relever les autels,

Les principes nouveaux jaillirent immortels.

L'homme fut transformé, le hideux despotisme

Périt et disparut dans ce grand cataclysme.

Ce baptême coûta des larmes et du sang,

Mais il promit au monde un bonheur florissant.

A nous de recueillir ce brillant héritage !

Non, l'homme n'est pas né pour vivre en esclavage ;

Dieu donne à ses enfants leur part de liberté,

Il veut qu'ils soient heureux avec l'égalité.

Nos aïeux pouvaient-ils croire à tant de miracles,

Tandis qu'à chaque pas ils trouvaient des obstacles

Qui retardaient leur marche et barraient leur chemin !

Ils disaient : UTOPIE !! Ils se trompaient ! Enfin,

Une étoile apparut, présage du bien-être.

Ces beaux jours assurés commencent à paraître ;

Pour marcher au progrès sachons régler nos pas

Aux pas du Souverain qui ne faiblira pas !

Ce progrès incessant tu l'aimais, ô ma mère !

Tu vis ces premiers feux briller sur cette terrre :

4

Puis tu nous embrassas en nous disant adieu,
Tu rendis doucement ta belle âme à ton Dieu,
Tu t'envolas au ciel murmurant des prières
Pour tes fils à genoux qui fermaient tes paupières.

Dors en paix, bonne mère, auprès de ton époux,
Tous deux du haut des cieux vous veillerez sur nous :
Nous irons chaque jour orner de fleurs nouvelles
Ce monument où sont vos dépouilles mortelles :
Nous penserons à vous, nous suivrons vos leçons,
Vous fûtes vertueux, nous vous imiterons;
Puissions-nous mériter, à notre dernière heure,
Pour prix de nos vertus, la céleste demeure!

CHANT II

I

Nous avons rappelé de navrants souvenirs,
Et versé quelques pleurs sur de nobles martyrs ;
Détournons nos regards de ces tableaux tragiques
Où se peignent sanglants les pouvoirs despotiques.

Oui, c'est assez gémir ! allons revoir les champs
Qui furent les témoins de nos plus jeunes ans,
Et que nos montagnards ne quittent qu'avec peine.
Viens, mon frère, suis-moi, viens à la Madeleine (1),
Cette montagne ardue où nous allions souvent,

---

(1) Du sommet de la montagne de la Madeleine, dont la hauteur est de 979 mètres, on domine les vallées de l'Ance, de la Loire et de ses affluents. On découvre aussi le Mezenc et une partie des montagnes des Cévennes.

Dans nos jours d'autrefois, porter nos pas d'enfant.

Nous venions chaque année assister à la fête

Que les bons villageois célébraient sur son faîte :

Un vieux temple en ces lieux avait été construit.

En vain nous le cherchons, le temps a tout détruit.

Mais nous pourrons d'ici contempler la nature ;

Ces montagnes, ces bois ont repris leur parure.

Le paysage est beau, nous sommes au printemps,

Tout est suave et doux, tout est joyeux aux champs ;

Les arbres sont en fleurs aux vallons comme aux plai-

[nes ;

Et pourtant le Mezenc, ce géant des Cévennes (1),

N'a pas encor quitté son blanc manteau d'hiver.

Panorama magique ! On s'oublie à rêver

En ce lieu !.... Nous gardons tous deux la souvenance

Du hameau de Jussac, berceau de notre enfance :

Descendons au manoir qu'on découvre là-bas,

C'est là que nos parents guidaient nos faibles pas,

Lorsqu'allant visiter les pauvres du village,

Ils nous laissaient aux jeux des enfants de notre âge.

(1) La hauteur du Mezenc est de 1,778 mètres.

Et toi, bonne *Manon*, toi qui nous aimais tant!
Fut-il mère plus tendre à son plus jeune enfant?
Par quels soins tu savais nous prouver tes tendresses!
Nos deux petites mains te rendaient tes caresses,
Et le soir, près de l'âtre, assis sur tes genoux,
Tes lèvres s'entr'ouvraient, tu priais Dieu pour nous.

Ah! qu'ils sont beaux ainsi les jours de la campagne!
Ah! qu'il est pur cet air qu'on respire en montagne!
Loin du bruit de la ville on a le cœur content.

En souvenir, plus tard, j'ai revu bien souvent
Cette vache aux poils roux si belle aux pâturages;
On nous donnait son lait lorsque nous étions sages;
Et puis, rêvant toujours, je revoyais encor
Ces poules, ces poussins, ces pigeons et Castor,
Le chien de basse-cour, et la cavale blanche
Qui menait la famille au bourg chaque dimanche.

Nous grandissions ainsi; nos soucis enfantins
Ne dépassaient jamais ces coteaux, ces ravins;
Nous avions devant nous ces grands bois de Mionne
Où la grive abondait vers la fin de l'automne;

Tout près, sur un rocher, nos regards tout surpris
Du château d'Artias contemplaient les débris.

II

Bien souvent, près du feu, le soir à la veillée,
Lorsque le vent du nord agitait la feuillée,
La jeunesse attentive écoutait les récits
Que les vieillards entre eux racontaient au logis.
Pour nous, nous nous groupions près de mère Gertrude
Qui, lorsqu'elle parlait, avait pour habitude
De quitter son lorgnon qui lui pinçait le nez.

« Ecoutez », disait-elle, « approchez-vous, venez,
» Venez bien près de moi, retenez cette histoire
» Que ma grand'mère un jour grava dans ma mémoire :

« Le château d'Artias nous paraît aussi vieux
» Que ces rochers qu'on voit se dresser vers les cieux.
» C'est qu'il est vieux aussi, car ses tours délabrées
» Nous semblent de tout temps avoir été créées;
» Nous savons seulement que ses maîtres puissants
» Laissèrent tour-à-tour de nobles descendants ;

» Que tous ils protégeaient un pieux monastère

» Bâti là, sous leurs pieds, tout près de Chamalière (1).

» Même on dit qu'un seigneur légua par testament

» Un repas annuel au profit du couvent.

» Les moines, ce jour-là, comme une fourmilière

» Qui s'agite au soleil, sortaient du monastère ;

» La chronique prétend qu'ils étaient très-nombreux,

» Et que, ne pouvant pas défiler deux à deux,

» A travers le sentier étroit et difficile

» Qui menait au manoir, ils formaient une file

(I) « Il a été sérieusement question de classer l'église du prieuré de Chamalières parmi les monuments historiques. Un pareil fait suffit pour la recommander à l'attention et à la critique des archéologues. Ce monument tout homogène, du XIᵉ siècle, d'un seul jet, fut remanié avec intelligence à une époque postérieure ; il n'a rien de commun, d'ordinaire ; il offre, à chaque pas, matière à une étude profonde. La *façade*, la *boiserie* de la *porte*, le *bénitier*, la *grande nef* et les *côtés*, le *chœur*, la *voûte*, les *piliers* et les *fenêtres* de ce sanctuaire en croix latine se trouvent disposés simplement, dans des proportions on ne peut plus heureuses ; rien ne cloche, chaque partie concourt admirablement à former un ensemble assez respecté par le temps et les révolutions. Oui, dans une gorge profonde, creusée par la Loire, entre les monts Mionne et Gerbizou, au sein d'un bourg obscur, la Haute-Loire possède un des morceaux les plus complets de l'art byzantin. »

(Guide de l'étranger dans la Haute-Loire, par M. H. Malègue.)

» D'hommes à capuchon, se mouvant d'un pas lent,

» Dont le dernier fermait les portes du couvent,

» Quand le premier, là-haut, gaiement prenait sa place,

» Sur le point élevé d'une vaste terrasse

» Où tout était déjà prêt pour les recevoir.

» Ne croyez pas, enfants, qu'ils vinssent au manoir

» Pour y faire un péché de pure gourmandise ;

» Jamais dans ce repas la moindre friandise :

» Le testament disait : (1) « On donnera du pain,

» Du fromage, des pois, quelques verres de vin,

» Des œufs et du poisson. » C'était tout. Cet usage

» Se conserva toujours au temps du moyen-âge.

» Puis vint une autre époque où ces riches seigneurs

» Tombèrent promptement du faîte des grandeurs.

» Quelques broüillons poussés par l'esprit de vengeance

» Ternirent leur blason ; de là leur décadence.

» Un Bertrand de Charreis, un maître batailleur,

» Entra dans la famille et causa son malheur.

» Fier du rang élevé que lui donnait sa dame,

---

(1) *De pane et vino, cicere et caseo, ovis et piscibus, et nec-*
tare. (D'après le Cartulaire de Chamalières, vers l'année 1163.)

» Il crut impunément pouvoir se rendre infame

» En tuant de sa main, au mépris de sa foi,

» Monseigneur de Mehun, proche parent du roi (1).

» Son crime provoqua la vindicte royale,

» Les foudres de l'Eglise et de la cour papale.

» Il rejaillit aussi sur le nom d'Artias :

» La famille fut mise au rang des parias,

» Et bientôt ces seigneurs quittèrent leur domaine.

» Ce château fut ensuite habité par la reine (2)

» Que le peuple connut sous le nom de *Margot*.

» Ecoutez, mes enfants, je veux en dire un mot.

» Les simples habitants de nos pauvres villages

» Furent fort étonnés de voir, dans ces parages,

---

(1) Vers l'an 1214, Bertrand de Charreis, qui avait épousé une demoiselle d'Artias, se mit à la tête de ceux qui se révoltèrent contre l'évêque du Puy, Robert de Mehun, cousin du roi, et il l'assassina traîtreusement près de l'abbaye de Doue.

(2) En 1525, Artias fut confisqué au profit du roi, par suite de la trahison du connétable de Bourbon, qui était alors baron de Roche-en-Régnier et Artias. Une légende raconte que Marguerite de Valois, épouse répudiée par Henri IV, se fixa pendant quelque temps à Artias. (1588.)

» Une dame inconnue et sa joyeuse cour,

» Venir, et se fixer dans ce triste séjour.

  » Avec son train princier, ses allures brillantes,

» Son luxe, ses plaisirs, ses formes avenantes,

» Tout chez elle plaisait, même ses airs hautains.

» On l'appelait ici la *Dame aux blanches mains*.

  » Pourquoi se cachait-elle ainsi dans nos montagnes?

» Pourquoi la trouvait-on seule dans nos campagnes?

» Je ne peux raconter, dans ce simple récit,

» Que ce qu'en d'autres temps ma mère m'avait dit.

» Toujours sa vie aux champs paraissait singulière,

» Et vraiment sa conduite était trop cavalière.

» Elle scandalisa souvent les paysans

» Qui la trouvaient trop libre avec ses courtisans.

» Mais quand de gros péchés chargeaient sa conscience,

» Vite elle allait au Puy vers la Vierge de France;

» Elle y formait des vœux, faisait un riche don,

» En revenait heureuse : elle avait son pardon.

» Puis elle reprenait ses anciennes allures,

» Et revolait encore à d'autres aventures.

» Mais changea-t-elle un jour? L'histoire n'en dit rien,

» Elle fit au pays plus de mal que de bien,

» Plus tard sur ce château, sur ses vieilles tourelles,

» On disait, chaque jour, des histoires nouvelles.

» Oui, c'est vrai, mes enfants, on y vit maintes fois

» Des fantômes hideux; on distinguait leurs voix;

» On entendait aussi le bruit lourd de leurs chaînes

» Qu'ils traînaient, en gardant ces prisons souterraines;

» Et de nos jours encor, pendant les soirs obscurs,

» Si le pâtre, attardé, passe près de ces murs,

» Il entend des cris sourds sortir des oubliettes!.... »

Après ces mots Gertrude essuya ses lunettes,

Les remit sur son nez, dit quelques *oremus ;*

Nous écoutions encor qu'elle ne parlait plus.

III

C'est ainsi que nos jours s'écoulaient au village,

Sans rêve et sans souci des plaisirs d'un autre âge.

Pour nous, cet horizon, c'était notre univers.

Nous aimions ces rochers et ces bois toujours verts,

Ce bourg de Retournac, cher à notre mémoire (1),
Dont les murs si coquets se mirent dans la Loire.

Gardons les souvenirs de nos plus jeunes ans ;
Hélas ! ils ont duré l'espace d'un printemps !
Mais le destin le veut : l'enfant, sur cette terre,
N'effleure qu'en passant les baisers de sa mère ;
Il doit, bien jeune encor, penser à l'avenir,
Lutter, toujours lutter, travailler et souffrir ;
Et s'estimer heureux, si son mâle courage
Au milieu des écueils le sauve du naufrage.

Nous étions bien petits quand l'abbé Duranton,
Un ami, nous donna la première leçon.
De ces nombreux enfants placés sous sa tutelle,
Grandissant en vertus, abrités sous son aile,
Quelques rares amis nous restent attachés.
Les autres ne sont plus, la mort les a fauchés.

Ce fut là qu'en pensers tu voyais ta carrière
S'entr'ouvrir devant toi ; tu ne rêvais que guerre,

(1) La collégiale de Retournac fut restaurée, au XVᵉ siècle, par l'évêque Jean de Bourbon. Cette église est fort ancienne, le pape Alexandre III la mentionne dans une bulle de 1164.

Que soldats ; et déjà, présageant l'avenir,
Tu songeais aux lauriers que tu devais cueillir.

L'étoile qui guidait ta marche dès l'enfance,
Fut fidèle, et voulut combler ton espérance,
En te montrant de loin, comme terme à tes vœux,
L'école de Saint-Cyr, où se forment nos preux.

Saint-Cyr avait été le berceau de ta mère,
Elle voulut revoir l'asile tutélaire
Où tant de nobles cœurs vinrent vivre et mourir,
Et leur donner encore une larme, un soupir.
Ah ! que de souvenirs, quand visitant leurs tombes ;
Elle revit ce nid de timides colombes,
(Où ses plus tendres ans s'écoulèrent si beaux) !
C'est l'école aujourd'hui de ces fiers lionceaux,

Jeune essaim de héros, instruits, dès leur enfance,
A faire respecter le drapeau de la France !
Combien aux champs d'honneur illustrèrent leur nom !
On y trouve le tien, valeureux de Chabron.
La fortune envers toi fut longtemps bien sévère ;
Tu pus croire au début qu'elle serait contraire ;

L'épaulette déjà te montrait son éclat ;
Mais tu ne pus l'atteindre et tu te fis soldat.

Bientôt tu prenais part à la sanglante lutte (1)
Qui dura trois longs jours, et provoqua la chute
D'un roi (2) qui nous laissait la conquête d'Alger,
Et qui devait pourtant mourir à l'étranger.
Le peuple renversa ce roi courbé par l'âge,
Couronna d'Orléans, après ces jours d'orage.
La France, en proclamant ce nouveau souverain,
Vit surgir les partis que nourrissait son sein.

Que dire de ce temps? Que chanter, ô ma muse !
Puis-je faire un tableau? Ma plume s'y refuse.
Dois-je des vieux Bretons, fidèles à leur roi (3),
Critiquer, en mes vers, les principes, la foi ?

(1) Révolution de Juillet (1830).

(2) Le roi Charles X.

(3) En reproduisant des épisodes de la vie militaire du général de Chabron, je serai souvent forcé de passer, sans suite, d'un sujet à un autre ; je crois devoir en prévenir le lecteur. Le 46e régiment de ligne, où le général était alors sous-lieutenant, fut envoyé en Vendée pour surveiller la duchesse de Berry, qui cherchait à agiter le pays.

Dois-je blâmer aussi ces écoles ardentes
Qui s'agitaient alors ? Si des têtes brûlantes
Ont payé chèrement leur culte et leur leçon,
A d'autres l'avenir un jour donna raison.
Avec toi mon seul but est de citer l'histoire,
Sans jamais des vaincus attaquer la mémoire.

Mais laisse-moi gémir en voyant un malheur ;
J'aperçois tout Paris plongé dans la stupeur :
Pourquoi ces cris confus ? Pourquoi ce grand tumulte ?
Craignait-on, par hasard, une révolte occulte ?
Des victimes tombaient aux pieds du souverain,
La machine infernale avait vomi l'airain.
Mortier (1), qui, si souvent, sur les champs de bataille,
Par ton rare sang-froid fis peur à la mitraille,
Tu tombais sous les coups de lâches assassins !
Inexplicable arrêt du sort, dans ses desseins !

(1) Le maréchal Mortier, duc de Trévise, accompagnait le ro
Louis-Philippe, le 28 juillet 1835, à la revue générale de la garde
nationale de Paris et de l'armée lorsque, sur le boulevard du
Temple, Fieschi, tirant sur le cortége royal une décharge de sa
machine, tua 17 personnes. Le maréchal, qui se trouvait à côté
du roi, fut au nombre des victimes. Il expira sur-le-champ et
fut enterré avec pompe dans l'église des Invalides. Le lieutena n
de Chabron commandait le poste où furent déposées les victimes
de cet attentat.

Que ce faible tribut de ma muse à ta gloire,
Se joigne aux grandes voix qui chantent ta mémoire !

Ah ! si la France un jour voulait briser son frein,
Le crime devait-il pénétrer dans son sein :
Déjà, dans le lointain, se formait un nuage
Qui faisait présager le plus terrible orage.
Toujours de plus en plus le ciel s'assombrissait,
Et le roi populaire un jour disparaissait.

Mais que faire, grand Dieu ! dans ce moment extrême !
Duchesse d'Orléans, tu le sais, Paris t'aime ;
Présente tes enfants à ce peuple irrité.

Hélas ! Il est trop tard ! Il veut la liberté.
N'entends-tu pas ses cris : Vive la République !
Ces cris ont retenti sur la place publique ;
C'est une œuvre accomplie. Allons ! de leur pays,
En versant une larme, emmène tes deux fils.

Bientôt la France entière accepta ce régime ;
Alors tous les partis, voulant gravir la cime
De cet âpre rocher qu'on nomme le pouvoir,
Tour-à-tour s'y brisaient, au mépris du devoir.

Hélas! l'ambition était leur seul mobile!

Pour porter ce fardeau leur bras fut trop débile,

Et pour rétablir l'ordre, au fond de ce chaos,

Il fallut plus qu'un homme, il fallut un héros.

Il parut! L'avenir, déchirant son vieux voile,

Fit voir Napoléon, guidé par son étoile.

Le moderne génie avait sur lui la main;

Et le peuple acclama son nouveau souverain.

IV

A ces événements tu prenais part, mon frère,

Tu marchais lentement dans ta noble carrière ;

Les grades à franchir, en commençant si bas,

Sont semés de revers qu'on trouve à chaque pas.

Cependant devant toi s'ouvre une ère nouvelle ;

Je te retrouve enfin dans la ville éternelle ;

L'épaulette à gros grains change ton avenir ;

C'est à pas de géant qu'on te verra gravir

Les derniers échelons des grades militaires.

Rome ! Je te salue, ô ville des mystères !
En prononçant ton nom, aussi vieux que le temps,
Je vois en souvenir tes rois, tes monuments.
Ne fus-tu pas jadis seule reine du monde !
Jamais dans l'univers tu ne fus la seconde.
Et de nos jours encor, n'es-tu pas la cité
Où sont inscrits ces mots : LA CATHOLICITÉ?

Là souvent, dans ces murs, tu pensais à ta mère
Pour elle, à ton départ, tu reçus du Saint-Père
La bénédiction. Le Pontife ajouta,
En imposant ses mains : *Dio la benedetta !*
Et puis, de sa bonté pour lui donner un gage,
Il t'offrit un écrin renfermant son image.

V

Mais quittons ce repos, cherchons d'autres accents,
Viens, ô muse, aide-moi, pénétrons dans les camps ;
C'est au milieu des preux que je veux te conduire ;
Accompagne ma voix de ta puissante lyre.

Le jour est solennel, il est grave, grand Dieu!
Où le soldat reçoit son baptême de feu!
Mais il est brave aussi le soldat de la France :
Habitants de Laghouat, redoutez sa vaillance (1)!
A peine dans les airs l'airain a retenti,
Que votre nid d'aiglons s'écroule anéanti.
Pélissier! à ta voix, une troupe d'élite
Sur les murs de Laghouat bondit, se précipite,
C'est fait!... On put alors voir, après le combat,
La sublime énergie et le cœur du soldat.

Quel horrible tableau se présente à ma vue!
A ce lugubre aspect mon âme est toute émue :
Des soldats, des enfants, des femmes, des vieillards,
Tous sont là foudroyés! leurs cadavres épars
Sous un soleil brûlant alarment la nature.
Hâte-toi, commandant, donne la sépulture
A ces milliers de morts que le fer a frappés (2).

(1) M. de Chabron, nommé commandant en 1852, au 50ᵉ de ligne, s'embarqua pour l'Afrique où il assistait bientôt à la prise de Laghouat, opération si habilement et si promptement conduite par le général Pélissier. Ce fut sa première affaire.

(2) Le commandant de Chabron fut chargé de mettre un peu d'ordre dans cette ville prise d'assaut et livrée au pillage.

Les rares habitants, au massacre échappés,
Effrayés, éperdus, cachés dans leur demeure,
Attendaient que pour eux sonnât la dernière heure :
Ils croyaient que ce jour serait sans lendemain ;
Mais nos soldats vainqueurs leur tendirent la main.

Honneur, honneur à toi, beau drapeau de la France !
Tu conduis à la mort, jamais à la vengeance ;
Quand le sang est versé tu gardes ton éclat ;
Tu restes pur après comme avant le combat.

Grâce à toi, commandant, le peuple se rassure,
Et le petit enfant, te tendant sa main pure,
Te demande à grands cris ses amis, ses parents.
Hélas ! ils sont parmi les morts ou les mourants !
Cependant quelques-uns ont retrouvé leurs mères,
Quelle joie au milieu de ces douleurs amères !
Mais à d'autres, grand Dieu ! qui donnera des soins ?
Ils restent seuls au monde, ah ! pauvres orphelins !

Il faudra bien du temps pour sécher tant de larmes,
Et pour faire oublier le succès de nos armes ;
Mais l'avenir, un jour, en poliçant leurs mœurs,
Pourra les rendre heureux, et calmer leurs douleurs.

VI

Contre l'orgueilleux Czar de nouveaux cris de guerre
Unissent le Piémont, la France et l'Angleterre.
Ces soldats, qui jadis avaient été rivaux,
Vont partager au loin leur gloire et leurs travaux.

Hâtez-vous! Du colosse arrêtez la puissance!
La Turquie, en tombant sous son obéissance,
Lui donnerait le sceptre et l'empire des mers :
Evitez à tout prix ce funeste revers.

A peine nos soldats touchent-ils ce rivage,
Qu'ils sentent redoubler leur force et leur courage.
Pour eux point de repos; ils brûlent du désir
D'aborder l'ennemi, le voir, l'anéantir.

Ils le cherchent en vain dans ces immenses plaines
Où des marais fangeux font les terres malsaines;
C'est là que le Danube, après de longs détours,
En plongeant dans la mer, vient terminer son cours.

Bientôt un ennemi, d'autant plus redoutable
Qu'il se cache dans l'ombre et devient indomptable,
Le choléra, sévit et décime nos camps,
Et laisse un vide affreux au milieu de nos rangs.

Rien ne peut cependant ralentir notre armée,
Et de larges vaisseaux partent pour la Crimée,
Emportant dans leurs flancs nos valeureux soldats
Que devaient illustrer tant d'immortels combats.

L'ennemi les attend, groupé sur le rivage ;
Mais rien de nos héros n'arrête le courage ;
Ils le chassent au loin sur de vastes plateaux
Qu'un torrent escarpé protége de ses eaux.
A droite une montagne à pic, inaccessible,
Lui dit que sur ce point l'attaque est impossible.
Il brave nos efforts, il les croit impuissants ;
A l'œuvre il allait voir la France et ses enfants.

Illustre Saint-Arnaud, sur toi, sur ton génie,
Combien de nobles pleurs a versé ta patrie !
Electrisés par toi, par ta bouillante ardeur,
Tes soldats ont senti redoubler leur valeur (1).

(1) Le maréchal de Saint-Arnaud, le vainqueur de l'Alma,

Lorsque les alliés manœuvraient dans la plaine,

Comme s'ils déroulaient une puissante chaîne

Que des anneaux entre eux unissent fortement,

Bosquet à sa colonne avait dit : En avant !

Nos soldats, s'entr'aidant, gravissent la montagne ;

Et par ce beau fait d'arme ils ouvrent la campagne.

Surpris de tant d'audace incroyable à ses yeux,

Notre ennemi résiste et répond à nos feux ;

Mais écrasé bientôt par le fer, la mitraille,

Il fuit épouvanté. Cette grande bataille,

Remportée au début, la France l'acclama,

Et sur son livre d'or elle inscrivit L'Alma (1) !

VII

Allez, vaillants guerriers, poursuivez vos conquêtes,

Que la patrie absente organise des fêtes,

succombait, presque le lendemain de la bataille, à une maladie qui le minait depuis longtemps, et le général Canrobert prenait le commandement de l'armée française en arrivant sous les murs de Sébastopol.

(1) Le commandant de Chabron, qui faisait partie de la division du général Bosquet, fut nommé officier de la Légion d'Honneur après la bataille de l'Alma.

Et chante loin de vous chacun de vos exploits ;

Vous aurez en revanche et nos cœurs et nos voix ;

Car vos pieds ont foulé cette terre étrangère,

Et l'aigle de la France, arborant sa bannière,

A promené vos pas dans ce pays lointain

Où votre noble ardeur enchaîne le destin.

Allez ! frappez au cœur ce hardi Moscovite ;

Ne craignez rien, frappez ! A vous la réussite !

Voyez ! vos pas déjà sont empreints sur le sol ;

Vous ferez sous vos coups tomber Sébastopol.

Renversez ce rempart puissant sur la mer Noire,

Et que la France un jour chante votre victoire.

Mais du géant du Nord l'honneur est engagé,

Il veut que de l'Alma le revers soit vengé.

Bientôt sur tous les points de son immense empire

On n'entend qu'un seul cri, c'est un cri de délire :

« Punissons », disent-ils, « ce peuple audacieux

» Qui vient dans nos climats insulter nos aïeux :

» Rejetons à la mer ces troupes téméraires

» Qui, dans leur fol orgueil, ont franchi nos frontières. »

Leur espoir insensé croit au succès certain,

Et leur maître pour eux va dompter le destin.
Inutiles efforts ! Le glaive de la France
Leur prouvera bientôt toute leur impuissance.

Mais que vais-je tenter ? Pourrais-je, dans mes vers,
Peindre tant de succès et tant d'exploits divers !
Hélas ! ma muse hésite et, sentant sa faiblesse,
Craint d'en ternir l'éclat. C'est à toi que j'adresse
Mes faibles souvenirs, mon frère, à toi mes chants ;
Accepte-les. Un jour, les échos, dans nos champs,
Rediront, toùt surpris, les détails de ce siége,
Où ta mère en esprit te suit et te protége.

Voilà Sébastopol, ses redoutes, ses murs.
Pour battre ce géant les travaux seront durs :
Harcelés tout d'abord par le feu de la place,
L'ennemi dans la plaine arrive et vous menace ;
Il compte sur le nombre, il va fondre sur vous,
Il croit déjà vous voir chanceler sous ses coups.

Les Anglais, sur la droite, assaillis par des masses,
Résistent, mais en vain ; ils y laissent les traces

D'une invincible ardeur : mais Bourbaki paraît,
Il lance ses chacals (1), l'ennemi disparaît.

Ce jour fut Inkermann (2) ! Tu t'y trouvais, mon frère,
Et là, comme toujours, le sort te fut prospère.
Chargé de soutenir une position,
La mitraille a déjà criblé ton bataillon ;
Tu ne peux perdre ainsi tes braves ; tu les aimes,
Tu sauras les garder dans ces périls suprêmes.
Sur ton ordre, à plat ventre ils tombent étendus ;
Tu restes seul debout, et les boulets perdus
Sifflent à tes côtés. Oui ! l'épreuve est terrible ;
Mais à ton propre sort tu restes insensible ;
Et le moment venu, ta voix crie : EN AVANT !
Comme un lion blessé, ta troupe, bondissant,
S'élance à l'ennemi, précipite sa chute,
Et partout, sur ses pas, le broie et le culbute.

Chacun, dans ce grand jour, a rempli son devoir,
Et le champ de bataille est en votre pouvoir.

(1) Les zouaves.

(2) Le général Canrobert commandait à Inkermann (5 novembre 1854).

Quel est ce général tout couvert de poussière,
Les habits en lambeaux, à la démarche fière,
Qui s'approche de toi sur ce sanglant terrain?
C'est le duc de Cambridge. Il te serra la main.

« Commandant », te dit-il, « quelle dure journée !
» Mes amis ne sont plus, la patrie éloignée
» Pourra s'enorgueillir de nos nobles efforts,
» Exalter notre gloire et pleurer sur les morts. »

« — Prince, vous vous trouvez où l'on trouve les
[braves.
» Exposé comme nous aux périls les plus graves ;
» Le gentleman anglais méprise le danger :
» Il sait que s'il succombe on saura le venger. »

La fusillade au loin est à peine entendue ;
Et pourtant, à ces mots, une balle perdue
Au fourreau de ton sabre arrive et s'aplatit :
Chacun avait sa part dans ce rude conflit.

Battu sur tous les points, l'ennemi se retire.
Encore une victoire, ami, qu'il faut inscrire (1).

(1) Après la bataille d'Inkermann, le commandant de Chabron fut nommé lieutenant-colonel au 86ᵉ régiment de ligne.

VIII

Abordons maintenant les pénibles travaux

De ce siége fameux, aux incidents nouveaux.

Rien ne peut rebuter notre vaillante armée ;

Elle étonne et surprend la terre de Crimée.

Elle brave l'hiver et ses froids rigoureux :

La tranchée est ouverte, et malgré tous les feux

Qui, du haut des remparts, vomissent la mitraille,

Elle avance à pas lents aux pieds de la muraille.

Un important succès est bientôt obtenu ;

Un travail avancé, vaillamment soutenu,

S'oppose à votre approche. Il faut un coup d'audace,

Pour pouvoir s'emparer du point qui vous menace.

Ton régiment s'élance, et le Mamelon-Vert (1)

Reste en votre pouvoir. Le passage est ouvert ;

(1) Le général Pélissier commandait l'attaque du Mamelon-Vert (7 juin 1855). Par un décret du 29 mai 1855, le général Pélissier avait été investi, par l'Empereur, du commandement de l'armée française, sur l'invitation, aussi noble que désintéressée, du général Canrobert.

Le colonel Hardy, près de toi, frappé, tombe ;
A lui la mort d'un brave, et plus tard, sur sa tombe,
On inscrira ces mots : « Ci-gît un noble cœur ;
Passant, donne une larme à qui mourut vainqueur. »

Mais il faut à tout prix conserver la redoute,
« Soldats! défendons-la », dis-tu, « quoi qu'il en coûte! »
Ta troupe est exposée au plus grave danger :
L'ennemi vous menace, il voudrait se venger.

Bientôt les feux croisés des forts et de la place
Sont braqués sur ce point : tu conserves ta place ;
Mais tu crains un désordre; et pour le prévenir,
Tu veux que tes soldats apprennent à mourir.
Placé devant ta troupe, on te voit, chacun reste,
Armé d'un seul bâton, tu méprises du geste
Chaque bombe qui siffle et passe à tes côtés.
Ta troupe se rassure à ces mots répétés :
« Voyez, braves enfants, comme on pare la bombe (1)! »
Quoique plus d'un soldat frappé chancelle et tombe,
Tous restent à leur poste ; et bientôt des travaux
Habilement conduits abritent tes héros.

(1) Textuel : *Comme on se fout des bombes !*

IX

Dois-je décrire encor ces scènes déchirantes,
Ces nuits à la tranchée, où les troupes ardentes
Supportaient fièrement les plus rudes travaux?
Là, que de nobles cœurs trouvèrent leurs tombeaux.
A quoi bon raviver des blessures saignantes;
Faisons trève aux regrets, trève aux douleurs poignantes

Mais à ton vieil ami je dois un souvenir :
Peut-on mourir si jeune et si plein d'avenir !
David (1) avait été ton compagnon d'enfance ;
Il aimait comme toi le drapeau de la France,
Et quant à la bravoure, amis, vous vous valiez.
Gare! voilà la bombe, elle éclate à vos pieds ;
Un éclat se détache et lui brise la tête.

(1) Le colonel David avait remplacé, au 86ᵉ régiment, le colonel Hardy, tué au Mamelon-Vert. Il fut remplacé, à son tour, par le colonel de Berthiers, qui eut l'épaule fracassée à l'attaque de la tour Malakof. Le 86ᵉ perdit, dans l'espace de six mois, trois colonels, dont deux tués. Ainsi le lieutenant-colonel de Chabron commanda presque toujours le régiment.

Pour toi, comme toujours, tu braves la tempête ;
Légèrement atteint, tu fis peur à la mort.

Hélas ! que de héros eurent le même sort !
A de tels souvenirs mon âme se déchire !
Inspire-moi, ma muse ! ou je cesse d'écrire.

X

Le moment est venu, c'est l'heure de l'assaut (1) ;
Déjà les chefs sont prêts, aucun ne fait défaut.
Bourbaki d'un regard mesure ces murailles.
Intrépide à l'assaut comme aux grandes batailles,
Il sourit au danger, car il sait le braver.
« Prophète », te dit-il, « que va-t-il arriver ? »
Tu lui montres du doigt ces remparts formidables,
Qui vaillamment gardés paraissent imprenables :
« Dàns un instant là-haut, nous nous tendrons la main. »

Allons ! chacun est prêt, l'heure sonne, et soudain
Le tambour bat la charge et le clairon résonne.

(1) L'heure de l'assaut général avait été fixée pour midi.

Des deux camps à la fois le brutal airain tonne,

Un éclair brille ! Aux cris de : VIVE L'EMPEREUR !

La foudre gronde, éclate, et sème la terreur.

La tranchée est franchie, et, malgré la mitraille,

La troupe, d'un seul bond, est près de la muraille.

Ton régiment s'élance, arrive des premiers,

Voit tomber dans ses rangs son colonel Berthiers,

Plante sur les remparts le drapeau de la France,

S'y maintient. L'ennemi fait bonne contenance :

Quel horrible carnage ! Il fuit et cède enfin ;

Tu revis Bourbaki, tu lui tendis la main (1).

XI

Pendant ces moments-là, que faisais-tu, ma mère ?

Tu priais, et le ciel exauçait ta prière.

(1) Dans cette journée les colonnes d'attaque eurent tellement à souffrir que, vers les trois heures, le capitaine Chareyron, du 1er régiment de hussards, attaché à l'état-major du général Bosquet, qui commandait le 2e corps, vint porter l'ordre au lieutenant-colonel de Chabron, de la part du général, de prendre le commandement de la division, tous les officiers d'un grade supérieur au sien avaient été mis hors de combat, et lui-même avait une forte contusion à l'épaule. Le lendemain, en ren-

Elle était grande aussi ta foi dans l'avenir :
Tu savais que ton fils ne devait pas mourir !

. . . . , ...

. . . .

Un jour, il m'en souvient, de ses lèvres tremblantes
Les prières sortaient plus vives, plus ardentes ;
Elle priait pour toi ; c'était pour prévenir,
Frère, tous les dangers que tu devais courir.

Dieu parlait donc au cœur de notre bonne mère ?
Il faut le croire, ami ; l'ange de sa prière
Qui près de son chevet te surveillait toujours,
Vit le fer ennemi qui menaçait tes jours ;
Il s'envola rapide aux champs de la Crimée,
Pour sauver du péril ta tête bien-aimée ;
Il te vit sommeillant sur ta peau de brebis ;
Bien vite il ranima tes membres engourdis,
Et, pour les réchauffer, à l'entour de ta tente,
Tu marchais,..... quand soudain la mitraille sanglante

trant au camp, le lieutenant-colonel se trouvait lui cin-
quième des officiers de son régiment debout ; il restait à peine
250 hommes valides.

Gronde et siffle dans l'air, et, sur ton pauvre lit,
La bombe meurtrière éclate et rebondit.

Tes jours étaient sauvés !... De notre bonne mère
Un tranquille sommeil avait clos la paupière;
C'est qu'elle avait placé son espérance en Dieu,
Et qu'un jour à la Vierge elle avait fait un vœu.
Et quand d'autres tremblaient au récit des batailles,
On entendait ce cri sortir de ses entrailles :
« De ces nombreux enfants partis loin du pays,
» Il n'en reviendrait qu'un, que ce serait mon fils!... »

.   .   .   .

Mère, tu le revis colonel des zouaves;
Et son nom resplendit parmi ceux des plus braves.

XII

Partez, nobles enfants, allez revoir la France,
Allez, on vous attend, franchissez la distance
Qui vous sépare encor de vos mères en pleurs :
Elles pourront enfin vous presser sur leurs cœurs.

Quant à toi, de Chabron, une terre chérie
Attend tes lionceaux : l'Afrique est leur patrie ;
Ils aiment ce climat, ces campagnes, ces monts :
Là, toujours la victoire a couronné leurs fronts.

Les voilà débarqués sur ce brûlant rivage,
Tu crois que tes soldats pourront, sur cette plage,
De leurs rudes travaux enfin se délasser.
Non, non, on les attend pour aller renverser
L'habitant des Bas-bors, perché sur sa montagne.

Tes zouaves sont prêts pour tenir la campagne ;
Ces vieux braves jamais n'ont besoin de repos ;
Pour voler au combat ils sont toujours dispos.
De leurs nouveaux exploits pourquoi chanter la gloire ?
Le zouave, on le sait, enchaîne la victoire.

Reste un peuple insoumis : le Kabyle orgueilleux (1)

(1) Une seule partie de l'Algérie, la Kabylie, enclavée dans
nos possessions, ne voulait pas reconnaître la domination de
la France. Souvent des colonnes avaient pénétré dans une partie de ces montagnes, mais sans résultat. Il fallait frapper un
grand coup et amener tout ce pays à reconnaître notre autorité.
Une forte colonne, sous les ordres du gouverneur, le maréchal
Randon, fut organisée pour cette expédition. Trois divisions
furent formées : le 3ᵉ de zouaves fit partie de la division Mac-

Du haut de ses rochers qui menacent les cieux
Avait vu bien souvent nos colonnes mobiles
Franchir, sans résultat, leurs remparts difficiles.
Randon veut en ce jour prouver que ses soldats
Savent passer partout de combats en combats.
Ces rudes montagnards, jusqu'alors invincibles,
Virent leurs nids d'aiglons devenir accessibles ;
La France avec fierté put planter son drapeau
Sur les débris fumants de ce pays nouveau.

Si là, comme partout, nos troupes furent braves,
Toujours aux premiers rangs on trouvait les zouaves.
Mais disons en passant un mot de leur bon cœur :
S'ils sont braves, ils sont sensibles au malheur.

Mahon et de la brigade Périgot. Le 20 mai 1857 l'armée quittait son camp de Tixi-Ouzou, où les trois divisions étaient réunies, et gravissait les pentes abruptes des Béni-Raten. Ces positions, fortement occupées par les Kabyles, qui avaient augmenté la défense par des retranchements, furent enlevées après des combats sérieux où le 3e de zouaves eut sa large part. Il contribua aussi au succès des combats livrés le 21 et le 27 juin aux villages d'Ikriden et d'Agoum-Ihrem. Ces combats amenèrent la soumission de ces indomptables montagnards qui n'avaient jamais voulu reconnaître de domination étrangère.

Après cette campagne, le colonel de Chabron fut nommé Commandeur de la Légion-d'Honneur.

Chez les Béni-Raten, en fouillant un village,

Ils trouvent oubliée une enfant en bas âge.

Un soldat sur son sac met ce frêle butin :

Le régiment entier veut être son parrain,

Voyez leurs tendres soins pour cette jeune fille :

Elle n'a plus de mère, elle aura la famille.

Bientôt elle répond au nom de Kabyla ;

Vite à ses moindres cris ses amis sont tous là

Pour essuyer ses pleurs : c'est leur fille adoptive.

Voyez-la dans leurs bras ; elle n'est plus craintive ;

Elle folâtre et joue au milieu de leurs rangs,

Et les amuse aussi par ses rires bruyants.

Quand, après la campagne, on retrouva sa mère,

On vit nos vieux grognards, dans leur douleur sincère,

Essuyer une larme, en lui disant adieu.

Ils quittaient à regret cet ange du bon Dieu.

XIII

. . . .

. . . .

O France, gloire à toi, contre la tyrannie

D'avoir porté secours au peuple d'Italie !
Ce peuple se réveille au cri de liberté,
Et ce cri tes enfants l'ont soudain répété.

Italie ! ô ma sœur ! lui dit de loin la France,
Tu veux la liberté, tu veux l'indépendance,
Eh bien ! compte sur nous, oui, nous irons t'aider
A t'affranchir du joug que tu ne peux porter.

Cette guerre n'est pas une guerre homicide,
Le soldat voit sa mère, autrefois si timide,
L'engager du regard à voler au combat :
En France quand on dit : LIBERTÉ ! le cœur bat.

Chaque mère, semblable à la femme de Sparte,
Excite son enfant ; car elle veut qu'il parte
Pour aller au secours d'un malheureux pays,
Trop longtemps asservi : « Va, dit-elle, mon fils,
» Vois l'Italie en deuil, assure sa puissance ;
» Qu'elle bénisse un jour le drapeau de la France ! »

Le zouave peut-il voir de loin, l'arme au bras,
Tant de nouveaux succès, tant de nouveaux combats ?
Non, il quitte bientôt le rivage d'Afrique ;

Il arrive, il reçoit un accueil sympathique;
On le fête, on l'acclame, on l'inonde de fleurs;
On dirait que pour lui sont toutes les faveurs;
Lui laissa-t-on jamais un rôle secondaire?
A lui d'ouvrir le feu dans la première affaire (1).
Je ne veux pas partout le suivre aux champs d'hon-
                                               [neur,
Par un fait d'armes seul je dirai sa valeur.

A ta voix, de Chabron, ton régiment s'avance.
Hâte-toi ! Palestro demande ta présence;
Là, le roi du Piémont a besoin de ton bras;
Entends! le canon gronde, accélère tes pas.

A peine as-tu jeté sur le champ de bataille
Un rapide coup d'œil, que déjà la mitraille

(1) Le 14 mai 1859, le prince Napoléon, qui commandait le
5⁰ corps d'armée, réunit les officiers du 3⁰ régiment de zouaves :
« Officiers du 3⁰ régiment de zouaves, leur dit-il, vous allez
» avoir l'honneur d'ouvrir le feu dans cette campagne ; votre
» destination est Robbio, petite ville piémontaise occupée par
» les Autrichiens, que nous avons mission de chasser. On m'a
» fait des observations sur les difficultés de la route, mais j'ai
» répondu que depuis longtemps le 3⁰ de zouaves savait passer
» partout. Allez donc, et rappelez-vous que l'Europe entière est
» attentive aux grands événements qui se préparent. »

Frappe tes bataillons, mais tu dis : EN AVANT !
Et ta troupe bondit dans un sublime élan ;
Tu trouves l'ennemi, tu le vois, il est proche ;
Mais un canal profond s'oppose à ton approche.
Pour pouvoir le franchir, il faut un coup d'éclat,
Rien ne peut résister à l'ardeur du soldat ;
Le courage est bouillant, l'impatience est vive :
Se jeter au canal ; aborder l'autre rive ;
Fondre sur l'ennemi ; s'emparer des canons,
Sans brûler une amorce au seul bruit des clairons
Qui, mêlés à ta voix mâle et retentissante,
Sonnent toujours la charge et jettent l'épouvante,
Ce fut fait à l'instant. Quel courage, grand Dieu !
Quel silence ! On n'entend pas un seul coup de feu :
Rien que la voix du chef qui, toujours impassible,
Obtient de ses soldats un effort impossible.
Et, quoique l'ennemi soit bien dix fois plus fort,
Ce n'est pas un combat, c'est un duel à mort,
Un duel de géants ! C'est une armée entière
Que ton régiment seul chassait de la frontière.

Au fort de l'action, Victor-Emmanuel,
Ce roi chevaleresque, assistait au duel.
Emporté tout d'abord par son ardeur guerrière,

Il veut y prendre part; ce n'est qu'à ta prière
Qu'il consent à quitter un poste dangereux
Qui mettait en péril ses jours si précieux.
Tant de nobles efforts assurent la victoire,
Tes héros, ce jour-là, se couvrirent de gloire.

Quand après le combat parut Napoléon,
Il souriait, ainsi que le roi du Piémont.
En passant, Bourbaki leur fait voir les obstacles
Qui, pour être franchis, demandaient des miracles;
Ils parcourent les lieux où tes vaillants guerriers
Ont, une fois de plus, cueilli tant de lauriers :
Surpris, ils croient à peine à ce brillant fait d'arme;
Le soldat dans leurs yeux vit perler une larme.
Ce fut un beau spectacle! Et les deux souverains,
En s'approchant du chef, lui serrèrent les mains (1).

(1) Le lendemain 1er juin, l'ordre du jour général n° 19 an-
nonçait à l'armée le fait d'armes de Palestro.

ORDRE GÉNÉRAL N° 19.

« La journée d'hier a été signalée par un nouveau fait d'armes
à Palestro. L'armée de Sardaigne, après avoir repoussé l'ennemi
sur tout son front, a vu un instant sa droite débordée par les
Autrichiens, qui menaçaient le pont de bateaux jeté sur la Sésia,
au moyen duquel le maréchal Canrobert devait opérer sa jonc-
tion avec le roi.

Oui, je l'ai déjà dit, cette troupe invincible
Venait, en ce grand jour, d'accomplir l'impossible.
Le nom du colonel retentit glorieux.

Alors son bisaïeul qui, dans ces mêmes lieux,
Avait, en d'autres temps, terminé sa carrière,
Déchira son linceul, et, debout sur sa bière :
« Qui peut ainsi troubler mon long sommeil de mort ?

« L'Empereur ayant envoyé au roi le 3ᵉ de zouaves, ce régiment fut chargé d'arrêter cette attaque. Déjà les Autrichiens avaient mis 8 pièces en batterie en arrière d'un canal profond dont le passage, sur un pont étroit, est couvert par un moulin et défendu par des rizières. Le 3ᵉ de zouaves. commandé par son brave colonel de Chabron, après avoir jeté un coup d'œil rapide sur la position, et avant que le roi n'eût eu le lemps de le faire appuyer par du canon, s'est élancé sans faire feu sur la batterie ennemie, a tué à la baïonnette ou jeté à l'eau les compagnies de soutien placées en-deçà du canal. s'est emparé de 5 pièces et a fait 500 prisonniers. Le 3ᵉ de zouaves a payé ce succès de 1 officier et 20 soldats tués et 200 blessés, dont 15 officiers.

« L'Empereur met ce glorieux fait d'armes à l'ordre de l'armée. »

De son côté le roi de Sardaigne envoyait de son quartier-général de Terrione, à la date du 1ᵉʳ juin, la lettre suivante au colonel de Chabron :

« Mon cher colonel,

» L'Empereur, en plaçant sous mes ordres le 3ᵉ régiment de zouaves, m'a donné un précieux témoignage d'amitié.

» J'ai pensé que je ne pouvais mieux accueillir cette troupe

» Dit-il, dans ce tombeau le nom de Chabron dort (1). »

« Oui, fut-il répondu, mais ce nom se réveille;

d'élite qu'en lui fournissant immédiatement l'occasion d'ajouter un nouvel exploit à ceux qui, sur les champs de bataillle d'Afrique et de Crimée, ont rendu si redoutable pour l'ennemi le nom des zouaves.

» L'élan irrésistible avec lequel votre régiment, Monsieur le colonel, a marché hier à l'attaque, a excité toute mon admiration.

» Se jeter sur l'ennemi à la baïonnette, s'emparer d'une batterie en bravant la mitraille a été l'affaire de quelques instants.

» Vous devez être fier de commander à de pareils soldats, ils doivent être heureux d'obéir à un chef tel que vous.

» J'apprécie vivement la pensée qu'ont eue vos zouaves de conduire à mon quartier-général les pièces d'artillerie prises aux Autrichiens, et je vous prie de les en remercier de ma part. Je m'empresse d'envoyer ce beau trophée à l'Empereur, auquel j'ai déjà fait connaître la bravoure incomparable avec laquelle votre régiment s'est battu hier à Palestro, et a soutenu mon extrême droite.

» Je serai toujours heureux de voir le 3ᵉ de zouaves combattre à côté de nos soldats, et cueillir de nouveaux lauriers sur les champs de bataille qui nous attendent.

» Veuillez, Monsieur le colonel, faire connaître ces sentiments à vos zouaves.

» Signé : VICTOR-EMMANUEL. »

Parmi les récompenses accordées par le roi au 3ᵉ de zouaves était une médaille d'or destinée à être attachée au drapeau. Le colonel reçut la croix de commandeur de l'ordre militaire de Savoie. Quelques jours après il était nommé général.

(1) M. de Chabron, comte de Limandre, avait été ambassadeur en Savoie à la fin du règne de Louis XIV.

» Depuis assez longtemps en ces lieux il sommeille. »

Il reconnut alors un de ses descendants;

Il tressaillit de joie et bénit ses enfants.

XIV

Partout, sur tout les points, notre armée intrépide

Poursuivit l'ennemi dans sa marche rapide;

Depuis Montebello, Marignan, Magenta (1),

Jusqu'à Solférino, vainquit et s'arrêta.

Et, grâce à ces succès, la servile Italie

Fut libre enfin du joug qui l'avait asservie.

La paix lui promettait des jours plus florissants (2);

Et la France au retour put fêter ses enfants.

(1) Je dois un souvenir à notre brave compatriote le commandant Falcon, qui eut sa carrière militaire brisée à Magenta.
Un boulet lui emporta le bras droit; il fut, après la campagne
d'Italie, nommé lieutenant-colonel et officier de la Légion-d'Honneur, et on lui donna le commandement de la place de Belfort
(Haut-Rhin).

(2) La paix fut signée à Villafranca, le 11 juillet 1859.

Mais pourquoi Monistrol, hier encor si tranquille,

Voit-il ses habitants quitter leur domicile ?

Et pourquoi tant de joie au fond de tant de cœurs ?

Pour qui l'arc triomphal, les couronnes, les fleurs ?

Pourquoi, sur les chemins, ce peuple qui fourmille ?

On dirait, à le voir, une seule famille

Attendant, anxieuse, un de ses chers enfants,

Echappé par miracle aux durs périls des camps.

Mais c'est lui ! Le voilà ! Cette foule s'agite,

Et partout sur ses pas vole et se précipite.

Général de Chabron ! noble enfant du pays,

Salut ! Ta mère attend, elle va voir son fils !

Dans ses bras, sur son cœur, essuie enfin ses larmes,

Et que ses derniers jours s'écoulent sans alarmes.

CHANT III

I

Ami, si l'Helvétie a trouvé mille voix
Pour chanter ses châlets, ses montagnes, ses bois,
Ne puis-je pas aussi célébrer nos montagnes,
Nos bois, nos frais vallons et nos vertes campagnes ?
Je veux, à mon pays donnant quelques loisirs,
Te parler du Velay si riche en souvenirs.
Eh bien ! laissons le bruit et le luxe des villes,
Allons trouver aux champs quelques heures tran-
[quilles.
A d'autres l'industrie avec ses hauts fourneaux
Dont la noire fumée obscurcit les coteaux ;
Nous, nous aurons les champs, les riants paysages,
Les châteaux écroulés, souvenirs des vieux âges.

Là, sur le roc à pic, vierge d'autres produits,
Pendent d'âpres forêts sombres comme les nuits,
Qui, balançant au vent leur chevelure noire,
Et projetant leur ombre aux rives de la Loire,
Semblent d'un bord à l'autre obstruer le chemin ;
Mais le fer du mineur a déchiré leur sein
Et la vapeur mugit sous ces voûtes tremblantes.·
Au sortir des tunnels, des campagnes riantes
Etalent leur parure à l'ombre des clochers
Et la nature au loin a chassé les rochers.

Un soleil bienfaisant sur l'une et l'autre rive
Fait succéder la grappe à la fraise hâtive,
Et des plus doux climats prodiguant les faveurs,
Enrichit le printemps et de fruits et de fleurs.

Les montagnes bientôt resserrant leur rivage
Se rejoignent encore et, barrant le passage,
Elles voudraient du fleuve interrompre le cours :
Les eaux battent leurs flancs et, par mille détours,
S'échappent en tombant de cascade en cascade,
Pour reprendre plus loin leur lente promenade
Aux pieds d'autres coteaux et de nouveaux vallons.
Suspendus aux rochers comme des nids d'aiglons,

Des châteaux en ruine, où tout a fait silence,
Des seigneurs disparus attestent la puissance.
Ma muse redira le nom de ces châteaux
Vieux débris mutilés des âges féodaux.

Puis nos pas quitteront et la Loire et ses rives,
Pour retrouver ailleurs des châteaux, des eaux vives,
Des villages épars sur de riches plateaux
Où paissent en bêlant d'innombrables troupeaux ;
Et touchant au sommet de ces montagnes nues
Dont la tête se voile et se perd dans les nues,
Nos yeux dans le lointain pourront voir le Mont-Blanc
Qui conserve, frileux, toujours son manteau blanc.

II

Mais ce n'est pas assez du bâton du touriste,
Il me faudrait, ami, le pinceau de l'artiste,
Pour traduire à mon gré tous ces tableaux divers
Dont je voudrais garder l'image dans mes vers.

Vois d'abord ce château qui domine la Loire ;
Si dans la nuit des temps s'obscurcit son histoire,

Tout au moins pourrons-nous savoir quel est son nom ;
Un bon vieillard s'approche et dit : « C'est Cornillon (1).

» Ce manoir féodal semble ici par son site,

» Avoir été bâti pour servir de limite

» A deux pays voisins qui se tiennent de près :

» D'un côté le Velay, de l'autre le Forez.

» Il fut, dans la contrée, au temps du moyen-âge,

» De ses riches barons le plus bel apanage.

» Ils aimaient ces ravins, ces montagnes, ces eaux.

» L'un d'eux ayant armé bon nombre de vassaux,

» S'embarqua pour aller combattre en Terre-Sainte ;

» Là-haut, dans ces débris, on voit encor l'enceinte

» Où le noble baron, en partant de ces lieux,

» Rassembla sa famille et lui fit ses adieux.

(1) La seigneurie de Cornillon était située partie en Forez et partie en Velay. De 1200 au moins jusqu'en 1790, elle fut possédée par des familles que les chroniqueurs rattachent le plus souvent à l'histoire du Lyonnais, bien que notre pays ait le droit de les revendiquer à plus juste titre. C'étaient les *Beaudiner*, les *Poitiers-Valentinois*, les *Crussol*, les de *Laire*, les *Lévis-Ventadour*, les *Fay-Paulin*, les *Néreslang*, les *Jacquier*, et les *Bénéon*.

» Pendant qu'il guerroyait sur des plages lointaines,

» Le désordre régnait dans ses vastes domaines ;

» Mais, après son retour, un page disparut :

» Que devint-il? Hélas! jamais on ne le sut !

» Seulement chaque soir on voyait un fantôme

» Apparaître tantôt sous la forme d'un homme,

» Se voiler quelquefois sous celle d'un hibou,

» D'un loup, d'un chat-cervier !.. C'était le *loup-garou!*

» Chez tous nos montagnards la frayeur était grande ;

» Ils ont de père en fils gardé cette légende. »

Légende qu'en effet, en parlant du manoir,
Dans plus d'une chaumière on raconte le soir.

III

Laissons derrière nous ce castel en ruines,
Entrons dans le Velay; visitons ses collines,
Ses rivières, ses bois, ses torrents, ses vallons;
Découvrons les trésors de ses divers cantons.

En remontant la Loire, Aurec est le village (1)

(1) Le prieuré d'Aurec fut fondé avant 1030, par *Gérard II*,
comte de *Forez ;* ce qui indique qu'à cette époque le Forez

Que l'on voit le premier bâti sur son passage.

Pour qu'il ait pu s'asseoir à l'aise sur ses bords,

La nature paraît avoir fait des efforts

Afin d'en écarter ces gênantes montagnes,

Et céder une place à ces belles campagnes.

Ces montagnes ainsi forment un entonnoir.

Tout au fond apparaît en ruine un manoir

Dont la tour vaste et haute et les fortes murailles

Résistèrent au choc de plus de vingt batailles.

avait envahi cette portion de notre territoire. Quant à la seigneurie d'Aurec, il est fort probable qu'elle passa immédiatement de ces comtes de *Forez* à la famille de *La Roue,* qui en resta maîtresse jusqu'en 1290, époque ou demoiselle *Sybille* dame de *La Roue, Montpeloux* et *Aurec,* épousa *Gilbert de Solignac.* Les *Solignac* restèrent à Aurec jusqu'au milieu du XIV⁰ siècle et eurent à defendre, par la voie des armes, contre *Armand VI,* vicomte de *Polignac,* cette portion de leur héritage. Mais enfin, après bien des luttes, en 1385, cette seigneurie revint à la famille de *La Roue,* qui la garda jusqu'en 1560. Alors *Jeanne de La Roue* avait donné sa main et le domaine d'Aurec à *René de Pierrefort. Marc,* son fils, en 1609, vendit le mandement d'Aurec à *Philibert de Nérestang,* qui l'incorpora à la baronnie de St-Didier. Avec elle ce mandement passa, en 1734, à la famille *Genestet de Seneujols.* Le 12 juin 1794 Jean-Marie-Hector de *Genestet,* dernier seigneur d'Aurec, mourait courageusement à Paris, ainsi que son épouse, sur l'échafaud révolutionnaire.

Sur un autre versant la vigne aux pampres verts
Peut sans crainte braver la rigueur des hivers,
Et le fleuve qui coule aux pieds de ce village,
Donne un charme de plus à ce beau paysage.

Tout près, sur la hauteur, s'élevait une tour
Dominant les vallons et les bois d'alentour,
Assise sur des rocs si rudes, si sauvages,
Qu'on lui donna le nom de la tour des Sauvages (1).
De cette tour maudite un barbare seigneur
Longtemps, dans le pays, fit régner la terreur.

Mais viens, portons nos pas jusqu'au bout de la
[plaine

(1) La tour des Sauvages (en latin *de Selvatgiis*) n'existe plus aujourd'hui, mais elle fut, dès la première origine, le centre d'une petite seigneurie possédée en arrière-fief par la famille *Mareschal*, à laquelle appartenait le page *Hugon-Mareschal*, dont parle, dans ses chants, le troubadour *Guilleaume de Saint-Didier*. En 1624 les *Mareschal* transmirent ce domaine à *Pinha de Fours*. Ceux-ci, vers le commencement du XVIIIe siècle, le vendirent à Jean-François *Sonnier-Dulac*, qui démolit la tour et la remplaça par une nouvelle construction. Il eut pour fils Jean-Baptiste *Sonnier-Dulac*, auteur d'un manuscrit sur les fiefs du Forez, déposé à la bibliothèque de Lyon et publié, en 1858, par M. d'*Assier de Vallenche*. Ce château a appartenu au général *Boudinhon*, une des illustrations militaires de notre pays. La famille *Dugas du Villard* le possède aujourd'hui.

Et remontons d'abord les eaux de la Semène
Qui, dans tout ce parcours, desservent bruyamment
Mainte fabrique assise aux abords du torrent ;
Après les avoir su soumettre à ses caprices,
L'homme a mis à profit tant de forces motrices.

Voici l'usine Olzer : vannes et robinets
Sont ouverts : aussitôt cent pesants martinets,
En tombant sur le fer d'un mouvement rapide,
Donnent, en un instant, au corps dur et solide,
Le poli, la souplesse et le fil de la faux.

C'est le Pont-Salomon (1) : grâce à ses chutes d'eaux,
D'industrieuses mains, de ce site sauvage,
En domptant la nature, ont fait un gai village.
Partout l'âpre travail, l'incessant mouvement ;
Plus haut voilà la Seauve et son vaste couvent (2),

(1) La fabrique de faux du Pont-Salomon occupe des centaines d'ouvriers.

(2) Le couvent de la Séauve, de l'ordre de *Cîteaux*, et qui était, ainsi que *Bellecombe* et *Clavas*, sous le gouvernement de l'abbé de *Mazan* (Vivarais), fut fondé, en 1228, par les comtes de *Forez*, disent la plupart des auteurs. Quelques-uns néanmoins font remonter un peu plus haut son origine, en s'appuyant sur la vie

Retraite hospitalière à tant de jeunes filles
Qui devaient leur naissance à de nobles familles.

Le couvent est intact ; les cellules, les cours,
Les jardins, les couloirs, les immenses pourtours,
Tout nous dit aujourd'hui quelle en fut la puissance ;
Des domaines partout, et puis la redevance
Qui grossissait aussi son trésor annuel.
Mais tout change ici-bas, car rien n'est immortel :
Les hommes, les palais, tôt ou tard disparaissent,
Ne laissant après eux, dans les siècles qui naissent,
Que quelques vieux débris ou quelques souvenirs
Qui du rêveur oisif charmeront les loisirs.

Jadis, en ce couvent, vivait sœur Marguerite,
Fille des bords lointains que le Hongrois habite ;
Quoique de sa famille on ignorât le nom,
On la disait pourtant de puissante maison ;
Exemple de sagesse à toutes ses compagnes,
On répétait déjà son nom dans ces montagnes.

manuscrite de *sainte Marguerite*, morte dans cette maison le troisième jour de janvier 1806. Nous laissons à de plus habiles que nous le soin d'éclaircir cette difficulté historique.

Quand le démon jaloux put trouver le moyen
De souffler en ces lieux son perfide venin :
Il excita contre elle une lâche cabale ;
On l'accusa d'avoir et la *lèpre* et la *gale* ;
Il fit si bien qu'un jour les dames du couvent
Chassèrent sans pitié la malheureuse enfant.

Mais le ciel, irrité d'une telle conduite,
Se réservait le soin de venger Marguerite.
Le tonnerre gronda ; soudain un ouragan
Tel qu'Eole jamais n'en porta dans son flanc,
Fondit, si furieux, sur ce vieux monastère,
Qu'on crut voir ses hauts murs s'engloutir sous la terre.

Cependant Marguerite, en proie à sa douleur,
A quelques pas de là déplorait ce malheur.
De la nue assombrie une ardente auréole
Descendit sur sa tête, ainsi qu'une coupole
Aux reflets argentés. La céleste lueur
Attestait de son Dieu l'éclatante faveur.

Pour étancher sa soif et consoler sa peine,
Elle s'assit, tremblante, auprès d'une fontaine...

Mais l'heure a fui ; le jour commençant à baisser,
Elle eut peur : où pouvoir enfin se reposer ?
Tout au fond des grands bois, au bout d'une clairière,
Elle aperçut de loin une faible lumière ;
Elle y tourna ses pas ; une porte s'ouvrit,
Et le bon paysan tout joyeux l'accueillit.

Sa présence enrichit cette pauvre famille :
Tout prospéra du jour où la pieuse fille
S'occupa de la ferme et lui donna ses soins,
Le fermier vit doubler ses gerbes et ses foins.
De la sainte on venta les cures merveilleuses ;
Un grand nombre, dit-on, furent miraculeuses.
Aussi lorsque l'abbesse entendit raconter
Tout le bien que la sœur ne cessait d'opérer,
Elle avoua sa faute et rappela bien vite
Celle d'où sa maison prit le nom de *bénite*.

Tout près de ce couvent, et sur le bord d'un bois,
Murmure une fontaine où l'on voit une croix.
Là, du ciel elle avait imploré l'assistance.
Les eaux de cette source ont gardé la puissance
De guérir bien des maux. Voilà pourquoi son nom

Reste dans le pays en vénération ;
La mère met sa fille, encor toute petite,
Sous la protection de sainte Marguerite.

« Mais pourquoi, diras-tu, si longtemps m'arrêter
» A ces quelques détails ?... Mieux vaudrait se hâter. »
Peut-être, ami, peut-être !... Encore une légende ;
Ce sera ma réponse à ta brusque demande.

Durant son triste exil cette fille, parfois,
Parcourait solitaire et les champs et les bois.
Or un jour Dieu voulut que, s'étant égarée
Non loin de la maison qui, dans cette contrée,
Habitaient nos aïeux, elle vînt au manoir
Demander un abri, (car c'était vers le soir).

En cette même nuit, la dame châtelaine
Prise du mal d'enfant, endura grande peine,
Et le seigneur du Betz, tout tremblant de frayeur,
Se hâta d'implorer les bons soins de la sœur.
Mais la sainte veillait et priait en silence :
« Ne craignez-rien, dit-elle : en juste récompense
» De votre charité pour les pauvres de Dieu,

— 101 —

» Le ciel vient d'accorder grande grâce à ce lieu ;

» L'enfant est maintenant dans les bras de sa mère ;

» Dieu l'a dit : désormais heureux sera le père

» Qui, dans cette famille ou dans cette maison,

» Choisira son épouse. » Et voila la raison

(Elle a, tu le vois bien, pour nous quelque mérite)

Qui m'a fait longuement parler de Marguerite (1).

Mais enfin, tu le veux, oublions le couvent,

Les sites d'alentour et les eaux du torrent.

(1) Voici la légende traditionnelle dans la famille de *Charbonnel-du-Betz*, à laquelle appartenait ma mère et mon grand-père : Quand l'infortunée *Marguerite* fut, pour cause de maladie, chassée de son couvent, elle s'en vint, errante, demander l'hospitalité dans le château du Betz, au voisinage de Monistrol. Les maîtres de ce château, qui avaient le cœur bon et charitable, accueillirent, comme ils le devaient, la sainte religieuse, et lui donnèrent une chambre pour y prendre son sommeil. Or il arriva que, pendant cette nuit, la dame châtelaine mit au monde un joli enfant, et fut promptement délivrée de tout péril et de toutes douleurs. Ce qu'ayant vu le maître de la maison, il alla, de grand matin, en donner nouvelle à la servante de Dieu, ne doutant pas que son épouse ne dût à ses prières son heureuse délivrance. Sainte Marguerite lui avoua qu'elle avait, en effet, prié toute la nuit ; que l'ange de Dieu lui avait apparu pour l'avertir de cet événement et lui avait promis que, désormais, en récompense de son hospitalité, les filles de sa maison seraient heureuses dans leurs couches.

Montons à Saint-Didier, le berceau de Rullière (1),
Rude soldat qui fut ministre de la guerre.

Assis austère et nu, sur le haut d'un plateau,
Saint-Didier nous présente un sévère tableau (2) :
On dirait qu'il a peur des bois, de leurs ombrages ;
Nul arbre ne paraît dans ces gras pâturages ;

(1) *Rullière Joseph-Marcellin,* général de division, naquit à Saint-Didier-la-Séauve le 9 juin 1787. Simple vélite de la garde en 1807, il fut élevé à la dignité de pair de France en 1846, et appelé au ministère de la guerre le 20 décembre 1848.

(2) La baronnie de Saint-Didier, une des plus anciennes et des plus puissantes du Velay, semble avoir compris, dès son origine et jusqu'à la fin du XIII⁰ siècle, tout le canton actuel de Saint-Didier, et une grande partie de celui de Monistrol. Aussi le dictionnaire de la noblesse de France, en parlant de la famille qui la posséda d'abord, nous montre plusieurs de ses membres mêlés aux grands événements de l'histoire de leur époque. Elle est connue depuis le milieu du XII⁰ siècle au moins. Elle produisit les deux célèbres troubadours *Guilleaume* et *Josserand de Saint-Didier.* Puis elle tomba en quenouille et, en 1379, demoiselle *Titeburge,* ayant épousé *Louis de Joyeuse,* lui apporta en dot son domaine seigneurial. Les *Joyeuse* le gardèrent jusqu'à la fin du XVI⁰ siècle. Une seconde alliance le transmit ensuite à un membre de la famille de *Bourbon-Montpensier* qui, en 1606, le vendit à *Giles* de *Lignerac,* dit le *Bazané.* La chronique raconte que ce vaillant homme, auquel le *roi Henri* avait donné un régiment de dix compagnies de gens de pied, tomba dans une embuscade de dix hommes, à la tête desquels était le capi-

Cependant son climat est celui des forêts,
Mais il veut le soleil, il aime ses reflets,
Et ses champs ont besoin de la chaleur intense
Qui seule, dans ces lieux, peut donner l'abondance.

Au bout de ce canton, de grands bois de sapins,
Des vents glacés du nord, protègent ses confins ;
On contemple, à Bramar, des arbres des vieux âges,
Dont la tête élancée atteint presque aux nuages,
Et je plains l'imprudent qui, dans un rude hiver,
S'égarerait la nuit dans ce sombre désert.

Au sommet escarpé de ces rudes montagnes,
Lorsque les Sarrasins infestaient nos campagnes (1),
Il se livra, dit-on, un combat si sanglant,
Que ces champs ont gardé le nom de *Champ-Dolent*.

De ce point élevé nous planons sur l'espace,
Et de plusieurs châteaux nous découvrons la place,

---

taine *Mathias,* et fut tué d'un coup de pistolet sur les bords de
la Semène, en 1607. La même année, sa veuve revendit la baronnie de Saint-Didier à *Philibert* de *Néreslang.* La famille de
Néreslang en fut maîtresse jusqu'en 1734, puis celle des *Genestet* de *Seneujols,* jusqu'en 1790.

(1) VIIIᵉ siècle.

Saint-Romain (2), Lafressange (3), et Saint-Just (4) et
[Malmont (5),
Montcodiol (6), Chantemulle (7), enfin Saint-Pal-de-
[Mont (8).

Manoirs qui répondaient au vaillant cri de guerre,

Lorsque les Saint-Didier, race héroïque et fière,

(2) La seigneurie de Saint-Romain-la-Chalm fut possédée, dès le principe et simultanément, par les familles nobles des *Curnieux* et des *Vernet de Lagarde*. Tous les droits de ces familles furent transmis par des alliances ou par des transactions aux *Du Peloux*, qui sont restés maîtres de *Saint-Romain* depuis 1360.

(3) Le domaine noble de *Lafressange*, près de Saint-Didier, avait appartenu, au moins depuis 1385 jusqu'en 1627, aux *Alier*. En 1627 demoiselle *Clauda Alier* épousa *Jean de Saignard*, et ses descendants sont restés maîtres de Lafressange jusqu'en 1866.

(4) Saint-Just eut successivement pour possesseurs les *Saint-Didier*, les *Retourtour*, les *Saint-Priest*, les *Clermont-Chatte*, les *Cappony*, les *Enselmet* et les *Charpins*. Le manque de château-fort, la rigueur de son climat, la position de son territoire, placé sur la frontière du Velay et du Forez furent cause, sans doute, que cette seigneurie changea si souvent de maîtres.

(5) Malmont dépendit, en arrière-fief, des barons de *Feugerolles* depuis 1313 au moins jusqu'en 1570. A cette époque la famille *Parchas*, originaire de notre Velay, en fit l'acquisition, et la transmit par alliance à *Marcellin de Bayle*, qui commandait pour le roi, à Firminy, lors des guerres du protestantisme. Les *De Bayle* étaient encore seigneurs de Malmont en 1790.

(6) Montcodiol, domaine noble sur les bords de la Semène, qui a appartenu aux familles *Coppier, Cusson* et *Véron*.

Pour defendre le roi, châtier un rival,
Arboraient sur leur tour le pennon féodal.

IV

En quittant Saint-Didier nous retrouvons encore
Monistrol et le beau château qui le décore (1).

(7 *de la page précédente.*) Chantemulle est une seigneurie près
de la Séauve. Dès 1500, elle était le fief principal des *de Bayle*,
une des familles qui, par ses alliances, se répandit le plus
dans la contrée, et occupa un plus grand nombre de domaines
nobles. *Claude de Bayle,* dit le capitaine de *Chantemulle,* se
distingua contre les ligueurs. Il ne laissa qu'une fille pour héri-
titière, et la seigneurie passa successivement aux *Molette-Mo-
rangier,* aux *Chabanne* et aux *Leblanc,* qui s'y sont maintenus
jusqu'à nos jours.

(8 *de la page précédente.*) Saint-Pal-de-Mont n'a pas eu de seigneurs particuliers ; le mandement, avec son château-fort, a
toujours appartenu à l'évêque du Puy. La ruine de ce château
semble devoir être attribuée aux guerres du protestantisme.
En avril 1574, dit la chronique, après la prise de Tence, *Saint-
Vidal* alla mettre le siége devant le château de *Mont* à *Saint-
Pal,* que ses sectaires avaient surpris le 11 janvier précédent.
Effrayés du sort qui avait été fait aux défenseurs de Tence,
ceux de Mont se rendirent, vie et bagages sauves. Six méchants garnements dudit lieu furent néanmoins punis par justice
et pour autres crimes.

(1) Ayant déjà longuement parlé de Monistrol, nous ne pouvons ajouter ici qu'une briève réflexion. Il semble que cette ville

Là le touriste voit pour la première fois
Ce tout petit métier simple, monté sur bois,

ait eu de bonne heure la prédilection des évêques du Puy, puisque
déjà, vers la fin du IX⁰ siècle, le prélat *Norbert* la favorisait de
quelques mois de sa demeure, et que ce fut le principal motif
pour lequel on y transféra les reliques de saint Marcellin puisque,
comme l'atteste la bulle d'érection de sa collégiale, en 1309, les
évêques *Guillaume de La Roue*, *Jean de Chandorat* et *Bernard
de Chatines*, l'élevèrent au rang de seconde ville de leur diocèse.

Guillaume, en 1270, avait acheté de *Guigon*, seigneur de
Saint-Didier, la ville et le mandement de Monistrol. Comme seigneur de ce pays, lui et ses successeurs eurent, jusqu'en 1790,
la haute juridiction sur un grand nombre de châteaux voisins,
parmi lesquels on remarque *Cubleises*, *Vachères*, *Solignac*, *Paulin*, *Reveyrolles*, *Le Flachats*, *Le Betz*, *Martinas*, *La Rivoire*,
le *Chambon*, et enfin le *Monteil* qui fut donné, en 1835, par son
dernier propriétaire, M. *Moret de Lachapelle*, à la ville de Monistrol, pour y fonder l'hospice du *Bon-Edouard*. Il voulut, par
cette donation, perpétuer le souvenir de son fils *Edouard*, qui
avait été tué accidentellement à Paris, en 1822.

Monistrol a produit quelques hommes qui ne sont pas sans
célébrité dans notre histoire locale, nous mentionnerons :

1° Dans la carrière des armes, *Jean de Charbonnel*, que
La Chesnaie-des-Bois appelle un des plus grands capitaines de son
époque, et un des dix seigneurs qui, en 1450, firent avec succès
et hardiesse surtout, une descente en Angleterre. — *Jean Motier
de Champetières*, seigneur de *Paulin* et intrépide ligueur. —
Guillaume de Chabanne, commissaire de l'artillerie de France
à la même époque. — *Marc-Etienne Joubert*, mort à Lyon ma-
réchal-de-camp, en 1780. — *Benoît-Michel de Charbonnel-
Jussac*, dont nous avons déjà parlé.

2° Dans la carrière ecclésiastique, les deux *Marcellin de Béget*, doyens de la cathédrale, que les auteurs du *Gallia Chris-

Que la femme, accroupie au seuil de sa chaumière,

Place sur ses genoux une journée entière,

Et, faisant sautiller bon nombre de fuseaux,

Sème sur le carton mille dessins nouveaux.

Nous voyons naître ainsi la guipure et la blonde,

Magnifiques produits qui font le tour du monde.

Cette belle industrie assure à nos pays

---

liana appellent *viri optimi et integerrimi;* et deux autres frères de cette même famille, l'un renommé cômme grand prédicateur, et l'autre comme savant professeur de théologie. — *Melchior de Chabanne,* qui fut longtemps doyen de Notre-Dame et se distingua par ses grands mérites. — Frères *Jean Coppin* et *Théodore Bochard,* qui composèrent, dans leur hermitage de Monistrol, leurs livres du *Bouclier de la Foi* et de l'*Histoire de Notre-Dame du Puy.* — *Armand de Charbonnel,* évêque de Toronto, puis humble frère capucin.

3° Dans la carrière des arts, *Pierre Péreyron,* sculpteur ; *Durand-Aubert.* architecte ; *Jacques Héritier,* graveur des gardes d'épées ; *Pierre Miramand,* aussi graveur, et le célèbre sculpteur *Pierre Vanneau,* originaire de Montpellier, mais qui eut longtemps ses ateliers dans le château de Monistrol, dirigés par lui ou par son beau-frère *Mathieu Bonfils,* de Saint-Bonnet-le-Château.

Parmi les victimes de 1793, nous avons mentionné ailleurs M. *de Charbonnel;* citons encore M. *Jourda de Vaux de Foletier,* qui fut mitraillé aux Bretaux, le 8 décembre 1793, avec son fils *Marcellin.* Ce jeune homme, à peine âgé de 16 ans, s'était couvert de gloire au siége de Lyon, et il avait reçu des éloges publics du comte *de Préci,* qui commandait cette place.

Du travail pour l'hiver dans les pauvres logis,
Et, quoique le produit soit faible en apparence,
Elle y laisse pourtant du pain et de l'aisance.

Sortons de Monistrol, ce chemin pentueux
Va nous conduire auprès d'un torrent furieux
Qui semble brusquement nous barrer le passage ;
Mais nous trouvons un pont sur ce site sauvage,
C'est le pont de Lignon, l'effroi des voyageurs :
La Suisse n'eut jamais de plus belles horreurs.

Ce n'est pas le Lignon chanté par les poètes,
Dont les bords si riants conviaient à des fêtes,
C'est un torrent bruyant, rapide, impétueux,
Qui fuit en bondissant ces ravins tortueux,
Pour se perdre plus bas dans les eaux de la Loire.

Je pourrais sur ces lieux conter plus d'une histoire.
Ils servaient autrefois de retraite aux brigands
Qui pouvaient, impunis, détrousser les passants,
Et se cacher le jour au fond de leur tanière.
Malheur à l'imprudent, malheur au téméraire,
Qui seul s'aventurait à travers ces rochers,
Où trouvèrent la mort de nombreux étrangers.

Et, de nos jours encor, dans cette étroite enceinte,
Le voyageur, la nuit, ne passe qu'avec crainte.

Nous allons lentement remonter ce torrent
Qui présente à nos yeux un aspect effrayant :
Mais quel est ce château perché sur cette cime
Aux flancs taillés à pic et plongeant dans l'abîme
A ses pieds entr'ouvert, dont l'imposante tour
Se dresse dans les airs comme un nid de vautour?
Des seigneurs de Lignon c'est l'antique demeure (1) :

(1) Il ne reste aujourd'hui du vieux manoir du Lignon, appelé
La Roche de Lagarde, qu'une tour carrée et quelques pans de
murailles dont l'enceinte retrace assez bien l'emplacement de
l'ancien édifice. Construit sur un rocher abrupt, il n'était aborda-
ble que du côté du sud-ouest, par une langue de terre fort étroite,
et que le travail d'un seul homme, en quelques heures, pouvait
rendre impraticable, même à des gens de pied. Par les trois autres côtés les murs de défense, construits sur les bords du roc
se dressaient à pic sur des précipices de plus de cent mètres de
profondeur. On pourrait donner ce site sauvage comme modèle
de petits châteaux-forts que nos chevaliers batailleurs du moyen-
âge aimaient à bâtir, en forme d'aires, sur les rochers de notre
pays. De 1020 au moins, à 1250, la seigneurie dite de *Lignon*,
appartint à une famille qui portait le nom de ce fief; *Adémar,*
Vilhelm et *Aguon de Lignon,* ce qui indique la première famille
féodale. Vers 1250, *Béatrix,* fille de *Robert de Lignon,* par son
mariage, transporta son domaine aux *Roussillon-d'Anjo.* Puis
vinrent successivement les *Mitte de Chevrières,* les *de Thorrem,*

A ce poste d'honneur nuit et jour, à toute heure,

En armes ils veillaient ; souvent aux ennemis

Ils fermaient le passage et sauvaient le pays :

Gloire à ces nobles preux !.. Plus haut c'est la Dunière ;

Entrons dans le vallon où naît cette rivière,

Nous y verrons bientôt le château de Latour (1)

Qui fut le vieux berceau des Mallet de Maubourg.

D'autres avaient posé leurs forts inabordables

Au sommet des rochers ; eux, non moins redoutables,

Construisirent le leur dans ce sombre ravin

D'où, plus prompts que l'éclair, ils s'élançaient sou-

[dain,

Comme le noir lion brodé sur leur bannière,

Sitôt qu'un ennemi menaçait la frontière.

les *Beaumont-Rochemuse*, et enfin il fut acheté, en 1672, par les *Fay-Maubourg*.

(1) Le château de *Latour* est situé sur la rive droite de la Dunière, dans une gorge profonde entre Sainte-Sigolène et Lapte. Il est aujourd'hui presque entièrement ruiné. Là fut le manoir primitif d'une famille fort puissante dans notre pays, et qui donna des maîtres aux baronnies de *Labrosse* et de *Maubourg*. Cette famille se fondit par une alliance dans celle des *Fay* qui, depuis lors, gardèrent le nom de *Fay de Latour-Maubourg*.

Puis vint un temps meilleur que les temps d'autrefois,
Ce lieu ne connut plus ni les sanglants exploits,
Ni les rudes assauts. Ce manoir en ruine
Laissa crouler ses murs, et plus tard la colline
Solitaire et déserte, à deux moines pieux
Servait d'asile. Encore en ces paisibles lieux
On garde souvenir des deux blanches cuculles
Que portaient saintement les dévots camaldules.
L'hermitage n'est plus (1)!... que dire maintenant
De tous ces vieux manoirs qu'on remarque en passant?
Grazac, Lapte, Figon, Ulmetz, Bronac, Rocoule (2)?
Leur souvenir a fui comme l'eau qui s'écoule.
Enfin voici Dunière et là-haut, dans les airs,
Sa tour qui brave encor l'orage et les éclairs (3).

(1) Le 14 juin 1662, R. P. *Boniface d'Antony*, de l'ordre des camaldules et frère *Volcanson*, son compagnon, firent construire, dans un bois appelé le *Sappey*, près d'un rocher sur les bords de la Dunière, un hermitage où ils se proposaient de passer le reste de leurs jours, louant et honorant Dieu. *Antoine Faure du Maynis* leur donna une métauchée de terrain pour bâtir leur hermitage, leur chapelle, et avoir un jardin.

(2) Ces anciennes seigneuries laissent peu de souvenirs dans nos pays; mais on remarque aujourd'hui le beau château de Figon, de construction moderne; il appartient à M. de Fraix.

(3) Dès les premiers temps de la féodalité, Dunières devint le siége d'une grande baronnie, et ce poste tout militaire, sur les

Aux premiers temps obscurs de l'ère féodale,

Lorsque chaque cité d'une autre était rivale,

Et que partout la guerre exerçait sa fureur,

Un chef fut placé là comme au poste d'honneur.

Aux ennemis voisins il barrait la frontière

Et de tous, au besoin, courbait la tête altière.

Il eut pour successeurs les Payan d'Argental,

Les puissants Retourtour et plus tard d'Espinchal.

Un mot sur ce dernier, d'une humeur excentrique ;

On me pardonnera de citer la chronique,

Et quelques faits de lui, qu'on raconte en ces lieux :

Un jour de son manoir il sortit tout joyeux

Pour aller inviter ses voisins à sa table ;

Il voulait leur donner un repas délectable.

---

confins du Velay et du Vivarais, fut confié à la puissante famille
de Payan-d'Argental, qui semble avoir dominé longtemps sur
tout le plateau montagneux du canton actuel de Montfaucon.
Aux *Payan* succédèrent les *Retourtour* jusqu'au commencement du XV⁰ siècle. A cette dernière époque nous trouvons à
Dunières les *La Roue* jusqu'en 1542 ; puis les *Pierrefort* jusqu'en
1605. Les *d'Espinchal* obtinrent cette baronnie par alliance en
1610 ; la trasmirent, par une alliance encore, vers 1690, à *Henri-
Joseph de Lagarde*, lequel la vendit, en 1720, à *Jean-Hector
de Fay-Maubourg*. La famille de *Maubourg* en resta maîtresse
jusqu'en 1790.

Au jour dit, d'Espinchal descendit dans la cour
Pour attendre son monde aux pieds de cette tour :
On n'y pouvait monter qu'à l'aide d'une échelle.
« De là-haut, leur dit-il, que la campagne est belle! »
Et chacun de monter bien vite sur la tour.

Pendant qu'ils admiraient les sites d'alentour,
Il fit tout aussitôt enlever cette échelle,
Laissa ses commensaux perchés sur la tourelle
Et d'un ton goguenard, en riant, il leur dit :
« Au revoir, messeigneurs, surtout bon appétit. »

Puis, appelant ses chiens, il partit pour la chasse,
En disant à ses gens de bien garder la place,
Et les nobles seigneurs restèrent tout le jour
Exposés au bel air au sommet de la tour.
Encore si le soir ils s'étaient mis à table;
Mais comme le corbeau, dont nous parle la fable,
Ils quittèrent ces lieux, furieux et confus,
Jurant que d'Espinchal ne les y prendrait plus (1).

(1) Bien que la chronique populaire exagère parfois les torts
des anciens seigneurs, il paraît cependant que tout n'est pas
mensonge dans ce qu'elle dit sur le compte du fameux *Gaspard
d'Espinchal*, baron de *Dunières*, et que sa conscience avait à
se reprocher des fautes autrement graves que la peccadille que

Sous les murs de Dunière un riche moulinage
Procure du travail aux gens de ce village,
Et ses champs sont couverts de profondes forêts
Où naissent la bruyère et la fleur des genêts.

C'est là qu'est Montfaucon (1) pays boisé, fertile,
Mais parfois dans l'hiver, d'un accès difficile,

nous racontons de lui; car, en 1678, il obtint des lettres de rémission pour différents homicides , et on les lui accorda grâce aux éminents services que ses ancêtres, presque tous vaillants guerriers, avaient rendus à la patrie.

(1) Montfaucon *(Mons falconis)*, était une des huit principales villes du Velay, dont un envoyé était admis tous les quatre ans à l'assemblée des états particuliers du Puy. Les autres villes étaient : *Yssingeaux, St-Didier, Roche, Solignac, Craponne, le Monastier et Monistrol.* La ville de Montfaucon était le siége d'un baillage où présidait un lieutenant du roi, et qui étendait son ressort sur toute la partie du Velay qu'on appelait *au-delà des bois.* Le roi était le conseigneur de Montfaucon, probablement parce qu'il avait là un siége où la justice s'administrait au nom du roi. Ce fut en 1294 qu'*Armand de Retourtour* vendit la conseigneurie de Montfaucon à *Philippe-le-Bel.* Dès 1220 *Briand de Retourtour* est seigneur de Montfaucon et cette famille, la garda jusqu'en 1394. Alors *Marguerite de la Roue* veuve du dernier des *Retourtour*, épousa *Guy de Saint-Priest,* et transporta cette baronnie à cette famille. En 1531 la conseigneurie de Montfaucon passa à *Pierre de Chateauneuf de Rochebonne* on ne sait à quel titre. En 1577 *Claude d'Allez* acheta la conseigneurie de Montfaucon à *Pierre de Chateauneuf de Rochebonne.* En 1639 *Jean de Bronac* acheta cette conseigneurie de *Jean-Claude d'Allez,* et cette famille la garda jusqu'en 1790.

Car la neige souvent atteint jusqu'au clocher,

Et pendant de longs jours défend d'en approcher.

Quand, plus tard, le soleil au printemps se réveille,

Il donne à ces climats une beauté pareille

On trouve, dans cette partie du Velay, un grand nombre de châteaux féodeaux parmi lesquels on remarque celui de Mongiraud, qui n'a été détruit qu'en 93. Il était si solidement construit qu'il fallut, pour le renverser, l'attaquer tout d'une pièce et employer la force de la poudre. Cette puissante seigneurie fut successivement possédée, dès l'an 1020, par un certain *Giraldus* qui, sans doute, lui donna son nom. En 1495 Mongiraud appartenait à la famille de *Bronac*. En 1520 il fut possédé par *Pierre de Romières*. En 1586, par *André du Jeune*. En 1593, par *Innocent Soubeyrand*, et enfin, en 1689, par *Albert de la Forest-Divonné*, dont les héritiers le gardèrent jusqu'en 1790.

Le canton de Tence possède encore le château de Labrosse, qui a été longtemps le siége d'une baronnie fort importante. Elle donnait le droit à son possesseur d'entrer, avec le vicomte *de Polignac*, dans les célèbres et imposantes assemblées du Velay. Le château de Labrosse est bien conservé. Parmi ses anciens seigneurs nous trouvons *Gaucerand* qui donna, en 999, pour la sépulture de son fils *Armand*, une *mense* à l'abbaye de Chamalières. Vers le milieu du XIIIᵉ siecle, cette baronnie appartenait à la famille de *Lagarde*, dont une fille épousa un membre de la famille de *Mallet de Latour*, et lui transporta la baronnie. Une fille *Mallet* épousa, en 1340, *Armand de Rochebaron-Usson*, et de là cette famille à Labrosse. En 1390 cette baronnie appartenait à la famille des *Sémur*. En 1400, à la famille des *Lavieu-Poncius*. En 1480, à celle des *Saint-Germain-d'Apchon*. En 1525, à celle des *Clermont-Chatte*. Et enfin, de 1741 à 1789, à celle des *Caillebot de Lassale*.

A celle de ces champs, que Delille en ses vers,

A peints avec tant d'art en tableaux si divers.

Que n'ai-je son pinceau ! Partout sur mon passage

Je trouve un nouveau site, un nouveau paysage.

Ici sont de grands bois, là de vastes plateaux,

Et plus bas, en suivant la route d'Yssingeaux (1),

---

(1) En suivant la route de Montfaucon, à Yssingeaux, on aperçoit plusieurs seigneuries. *Montgevin. La Bruyère, Chazeaux,
Fours, Montregard,* qui fut une seigneurie puissante dès les premiers temps de la féodalité. Le maréchal de camp *Louis-Régis,*
vicomte de *Boissy de Banne,* naquit à Montregard, le 19 avril
1744. On y voit encore *Allard, Villedemont, La Planche, La Su-
chère,* etc., etc.

L'arrondissement d'Yssingeaux fourmille de vieux châteaux ;
le chef-lieu est une ville du moyen-âge ; elle doit la restauration
complète de son château à l'évêque *Jean de Bourbon* (XV⁰ siècle).
Les restes de ce monument ont été convertis en hôtel-de-ville
et palais de justice.

En arrivant à Yssingeaux par le sud, on remarque à droite
le château de *Choumouroux.* Vers le milieu du XIV⁰ siècle, le répertoire des hommages rendus aux évêques donne, comme seigneur de *Choumouroux,* des membres de la famille *Brioude.*
Puis vint la famille *de Choumouroux,* qui posséda ce domaine
jusqu'au milieu du XVII⁰ siècle. Vers cette époque, noble *Jean de
Saignard* épousa une demoiselle *Fleurie de Choumouroux,* et
acquit cette seigneurie à la famille des *Saignard,* dont les descendants la possèdent encore aujourd'hui.

A peu de distance du château de *Choumouroux* est celui de
Treslemont, octroyé par l'évêque du Puy *Antoine de Sénec-*

Sur les eaux du Lignon, des travaux gigantèsques
Embelliront bientôt ces sites pittoresques.

Certes, je l'avouerai, ce travail si parfait
Charmera les regards. L'artiste qui l'a fait
Aura des voyageurs grande reconnaissance ;
Mais que va devenir l'antique souvenance
Du pauvre pont voisin qui sera délaissé ?
Il ne restera rien du bon vieux temps passé !
Dans nos titres anciens, c'est le pont de *la sainte*
Nom transformé depuis en celui de l'*enceinte*,
Sans qu'on puisse expliquer ni comment, ni pourquoi.
A la simple légende ajoutons plutôt foi.

Un sire de Saussac, conte cette légende,
Apportait du Jourdain, comme pieuse offrande
A faire à son pays, quelques *saints ossements*
D'une vierge martyre invoquée en tous temps
Contre certains fléaux : le feu, les vents, l'orage.

taire, en 1578, à *Mathieu Souverain,* seigneur de Treslemont
On remarque encore : 1° dans la commune d'Araules la riche et
puissante abbaye de *Bellecombe,* fondée au XIII° siècle ; 2° dans
celle de Bessamorel, les vestiges d'une commanderie des chevaliers de Malte, remontant à l'ère de prospérité des chevaliers *de
Saint-Jean de Jérusalem.* Ces ruines méritent l'attention,

Or il se rencontra qu'en cet étroit passage

Que le Lignon se creuse et s'ouvre en mugissant,

On construisait alors un arceau chancelant.

« J'ai pour le soutenir un moyen efficace,

» Dit le bon pèlerin : qu'on réserve une place

» Dans la pile du pont ; ce fragment précieux

» Domptera du Lignon les assauts furieux,

» Sainte Agathe le veut. » Et depuis lors sans crainte

Chacun osa franchir le pont dit, de *la sainte.*

Franchissons-le peut-être une dernière fois ;

Allons, en traversant les vallons et les bois,

Saluer les Saussac (1), barons de Vertamise (2),

Qui portaient, eux aussi, le lion pour devise.

---

(1) La châtellenie baroniale de *Saussac,* bâtie sur la montagne de ce nom, à gauche, sur la route d'Yssingeaux au Puy, est presque entièrement effacée du sol. Depuis longtemps les titulaires de cette baronnie s'étaient fixés au manoir de *Vertamise.*

(2) Vertamise est une belle ruine dans les gorges du Lignon, entre Grozac et la montagne des Barry, connue aujourd'hui sous le nom de *Carri.* C'était là le château supérieur de *Vertamise,* et la forteresse de *Saussac.* De 1027 jusqu'en 1606, la famille de *Saussac* posséda ce grand fief ; alors, par la mort de *Melchior de Saussac,* la baronnie passa à *Cristophe de Fay de Gerlandes,* époux de *Guionne de Saussac,* et cette famille la garda jusqu'en 1731. Le 25 septembre de cette année *Charles-César de Fay de Gerlandes* vendit cette baronnie à noble *Marcellin de Béget* qui, en 1766, la laissa à sa veuve *Marie-Gabrielle de Pauches,*

Saint Maurice bientôt nous montrera son bourg
Et la belle villa des Latour de Maubourg (1),

laquelle, à son tour, par sa mort et son héritage, la transmit, en 1781, à *Jean-Baptiste, comte de Charbonnel.*

(1) Dans les titres écrits en latin, Maubourg est appelé *Malus burgus.* Ce château est situé dans la commune de Saint-Maurice-de-Lignon. Celui qui sert aujourd'hui d'habitation à M. *César de Fay,* marquis *de Latour-Maubourg,* est d'une origine toute moderne ; l'ancien a été détruit par un incendie ; il n'en reste plus qu'une tourelle qui sert du moins à préciser la place qu'il occupait jadis. Au XIII⁰ siècle il portait le nom de *Forteresse de Maubourg ;* il semble n'avoir pris celui de *Latour-Maubourg* que quand les *Mallet de Latour,* à Sainte-Sigolène, quittèrent leur château, placé dans les gorges de la Dunières, pour venir habiter leur domaine près de Saint-Maurice. Même, avant le moyen-âge, n'y eut-il pas à Maubourg, ou tout près de là, une localité plus ancienne ? On pourrait le croire, puisqu'il y a peu d'années, dans une terre voisine qui appartient à M. *Delolme,* on a trouvé, enfouies sous un tertre, trois urnes funéraires contenant des ossements calcinés. Ce qui indiquerait une époque avant la venue du Christianisme dans notre pays.

La baronnie de Maubourg n'a appartenu qu'à deux familles : celle des *Mallet* commence à paraître dans notre histoire locale dès l'année 1096. Ce n'est cependant qu'au XIII⁰ siècle qu'on la trouve maîtresse de Latour, de Chabrespine et de Maubourg. En 1527 *Marguerite Mallet,* unique héritière de sa maison, épousa *Cristophe de Fay.* Les descendants de *Cristophe* prirent le nom de *Fay de Latour-Maubourg.* Par suite de plusieurs alliances, M. le marquis actuel *de Latour-Maubourg* est successeur tout à la fois des *Fay Maubourg,* des *Fay de Gerlandes* et directement des *Fay de Coisse.*

Quoique aujourd'hui ce nom appartienne à l'histoire,

Je ne puis, dans mes vers, négliger leur mémoire,

Et ce fut un Maubourg connu par ses exploits (1),

Qui porta son épée et sa jambe de bois

Partout où l'appelaient l'honneur et son service.

Un boulet à Wachau lui fracassa la cuisse.

Lorsque, pour l'opérer, près de son corps sanglant,

Le médecin plaçait son lugubre instrument,

Un de ses serviteurs, témoin de ses faits d'armes,

Redoutant pour ses jours, pleurait à chaudes larmes ;

Maubourg avec bonté lui dit : « Pourquoi pleurer,

» Ami, tu n'auras plus qu'une botte à cirer ? »

Dans un pareil moment tenir un tel langage,

C'est peindre d'un seul trait son cœur et son courage.

Du haut de Saint-Maurice on domine un plateau

Où gisent les débris d'un antique château ;

C'est Beauzac, ville close au temps du moyen-âge (2),

(1) *Fay de Latour-Maubourg* (Marie-Victor), lieutenant-général, eut la cuisse emportée par un boulet à la bataille de Wachau, près de Leipsick, le 16 octobre 1813.

(2) Beauzac, chef-lieu d'une commune du canton de Monistrol, est situé sur la rive gauche de la Loire et sur le versant nord-est de la montagne de la Madeleine. Son nom latin est

Ce lieu n'est plus qu'un bourg ou plutôt qu'un village.

Plus bas c'est Confolent. Quelle est, sur ce rocher,

La maison que domine un modeste clocher,

Et d'où sortent joyeux les enfants du village ?

En des temps plus anciens, c'était un ermitage

Qu'une dame pieuse, ayant nom *Avena* (1),

Beausacum ou *Beausachium.* On y remarque ses murs, ses portes et les restes de son vieux château. Au-dessous du maître hôtel et du chœur de son église est une crypte encore aujourd'hui assez conservée, où étaient enterrés les anciens seigneurs de Beauzac. Un peu avant les croisades, la famille de *Baffie*, seigneurs d'*Usson*, possédait Beauzac par alliance ou par achat. En 1186 *Guigues de Rochebaron*, ayant formé par alliance la branche des *Rochebaron-Usson*, hérita naturellement de cette seigneurie de Beauzac. En 1350 ou 1360, dame *Béatrix de Beauzac* épousa *Pierre de Sémur*, qui garda cette seigneurie jusqu'en 1383. En 1430 cette seigneurie passa à la famille des *Lavieu*. En 1480 *Marguerite de Lavieu* la transporta, par alliance, à la famille des *Artaud d'Apchon*, et enfin le 7 mars 1525, leur fils *Artaud d'Apchon* la vendit à noble *Guiot de Beauzac*, et alors les deux seigneuries qui existaient à Beauzac furent réunies. Après lui la seigneurie passa à la famille des *Beauvoir et Rochefort* ; puis à celle des *Pasturel*, de 1606 à 1632 ; à celle des *Flachats*, de 1632 à 1646 ; à celle de *de Cusson* jusqu'en 1636, et enfin à la famille de *Colomb*, qui la garda jusqu'en 1790. Tout près de Beauzac on trouve encore deux seigneuries : *La Dortière* et *Le Cortial*.

(1) Vers 905 un homme appelé *Giba*, et son épouse *Avena*, donnèrent à Dieu et à saint Pierre tout ce qu'ils possédaient à

Sous le bon roi Robert à saint Chaffre donna.

Deux moines l'habitaient ; leur petit oratoire,

Bâti sur le rocher, dominait sur la Loire.

On dit que chaque fois que le fleuve en fureur

Grossissait et partout répandait la terreur,

Même quand il lançait ses ondes mugissantes

Bien haut sur le rocher, les deux voix suppliantes,

Des moines prosternés aux pieds de leur autel,

Avec le bruit des flots s'élevaient vers le ciel.

Ils avaient pour patron le batelier saint Pierre,

Aussi Dieu bien souvent exauçait leur prière.

Oh ! le site charmant, l'agréable bassin,

Autour de cette plaine au fertile terrain,

Grande comme un joli mouchoir de fiancée,

Que par caprice un jour la nature a placée

Dans ce lieu si désert ! La Loire en fait le tour,

Et la vigne garnit les côteaux d'alentour.

Confolent, pour y bâtir un monastère et une église dépendante de la grande abbaye de *Saint-Théofrède*. En 1211 *Francon*, abbé du Monastier, donna Confolent aux moines de Chamalières. Ce bénéfice pouvait leur être utile à cause de l'abondante pêche qui se faisait parfois en ces lieux. *Francon* stipula, néanmoins que deux moines résideraient toujours à Confolent. Ce prieuré a subsisté jusqu'en 1790, il avait même le titre de baronnie ; il fut fondé par Hugues Capet, en 988.

Le ciel en la bornant se montra bien avare,

A peine elle aurait pu contenir cette gare

Qu'il a fallu placer sur le raide versant

D'une montagne à pic, en déchirant son flanc.

Ah ! comme elle embellit ce riant paysage

Que chaque voyageur admire à son passage !

Au fond de cette gorge est le pont de Lignon,

On le voit de la gare : elle lui doit son nom.

Ces sites sont assez gravés dans ta mémoire ;

Viens, sautons en wagon et remontons la Loire.

Le temps de saluer Laborange (1) et Jussac

Est à peine écoulé, que voici Retournac !

Arrêtons-nous ici, car ce lieu de plaisance

Est pour nous encor plein des jeux de notre enfance.

V

Salut à la vallée où je reçus le jour !

Dans mes plus jeunes ans les échos d'alentour

---

(1) L'ancien domaine noble de *Laborange* existe encore aujourd'hui sur la rive droite de la Loire, un peu plus bas que Retournac. La famille de *Rochebonne* a possédé Laborange de 1534 à 1790.

Ont répété les sons de ma voix enfantine
Lorsque je répondais, du pied de la colline,
A ma mère accourue au-devant de mes pas
Et m'appelant de loin en me tendant les bras.

Je me rappelle encor son gracieux sourire
Quand, voulant à la fois m'amuser et m'instruire,
D'une nouvelle histoire elle ornait mon esprit ;
Il m'en souvient, mon frère, écoute ce récit :

« Vois, me dit-elle un jour, ce manoir triste et
[sombre
» Qu'on aperçoit d'ici presque caché dans l'ombre
» De ces immenses bois aux rameaux toujours verts,
» Que la neige blanchit pendant nos longs hivers.
» Regarde, ce fut là, dans ce lieu solitaire
» Le berceau d'un héros que le pays vénère
» Et que la France entière envie à nos coteaux ;
» Son nom ne mourra pas ; ce fut Jourda de Vaux.

» Digne de son vieux sang et fier de caractère,
» Il voulut des combats embrasser la carrière.
» Il fut juste, sévère, intrépide et vaillant,
» Et bientôt on le vit briller au premier rang.

» La Corse, par son bras, fut soumise à la France.

» Depuis trois mois cette île était en sa puissance

» Quand le grand Empereur naquit sujet français (1).

» Quoique de Vaux marchât de succès en succès,

» Il n'oublia jamais sa modeste demeure ;

» Bien plus, quand il sentit venir sa dernière heure,

» Il voulut que son corps reposât en ces lieux,

» Dans les mêmes caveaux où dormaient ses aïeux.

» C'était, avait-il dit, pour que, loin de la ville,

» Son souvenir servît d'exemple à sa famille.

» Déjà Julien l'artiste apprêtait ses ciseaux (2)

» Pour faire un monument digne de ce héros,

---

(1) L'époque la plus glorieuse de la vie militaire du maréchal *Jourda de Vaux* fut son expédition en Corse, où il fut envoyé, pour la troisième fois, en 1769. Le commandant en chef débarqua dans l'île le 3 mai, et trois mois lui suffirent pour la soumettre. *Napoléon* dut ainsi à cette conquête la fortune de naître Français à Ajacio, le 15 août 1769.

(Biographie des officiers généraux de la Haute-Loire, par M. *Dumoulin.)*

(2) *Julien Pierre,* né en 1731, dans une chaumière à Saint-Paulien, mort en 1804 à Paris, fut un des grands sculpteurs du XVIIIe siècle. Il devint pensionnaire du roi à Rome, en 1768, et désormais, chacun de ses pas dans la vie fut marqué par un

» Quand des hommes sans cœur, dans le grand cata-
[clysme,

» Se livrant aux excès d'un affreux vandalisme,

» Et promenant partout la rapine et le deuil,

» Ne virent que le plomb qui couvrait son cercueil ;

» Ils le brisèrent ! puis, dans leur rage cruelle,

» Ils jetèrent au vent sa dépouille mortelle !

» De ses restes, plus rien ! De Vaux fut le dernier

» Des barons d'Artias et de Roche-en-Reynier.

» Du château d'Artias on t'a conté lhistoire ;

» Moi, je veux, mon enfant, graver dans ta mémoire

» Le nom d'autres châteaux maltraités par le temps,

» Dont quelques pans de murs ont bravé les autans.

» Tu peux les voir d'ici : celui-là, c'est Artite

» Assis près d'Artias ; par son nom et son site,

» Ainsi que son blason, bordé d'un bandeau noir,

» Nous pouvons présumer que ce simple manoir

» Dépendait autrefois de ce riche domaine.

» — Plus loin, c'est Mercuret qui regarde la plaine

chef-d'œuvre. On a de lui : *l'Immortalité, Ganymède versant le
nectar, le bon Lafontaine, le Guerrier mourant, Echo poursuivant Narcise, la Baigneuse, etc., etc.*

» Où s'étale gaîment le bourg de Retournac ;

» Ses seigneurs, un instant, ont le nom de Flossac,

» Mais c'est un Mercuret, prieur du monastère,

» Alors si florissant auprès de Chamalière,

» Qui laisse à sa famille et sait joindre à son nom

» Des titres de vertu pour mettre à son blason.

» — Ici le vieux Jussac n'a plus que sa chapelle (1),

» Plus rien, plus de débris, pas la moindre tourelle :

» Le temps a tout détruit. — Ribe, autrefois Cusson,

» Suivant que ses seigneurs lui donnèrent leur nom,

» Est ce point noir qu'on voit caché dans les clairières

» Du grand bois de Mionne aux arbres séculaires.

» On dirait qu'il a pris la teinte des sapins

» Après avoir vieilli dans ces sombres ravins.

» — Plus haut, c'est Chambilhac, perché sur une roche.

» Simple fief des cadets de la maison de Roche.

» — En remontant toujours, sous un ciel pur et bleu.

» Nous rencontrons encor Leissac et Villedieu.

» Puis-je de ces châteaux te faire l'historique,

» Et te dire, mon fils, ce qu'en dit la chronique ?

---

(1) La chapelle de *Jussac*, qui servait au moins à indiquer la place de l'ancien château, a été démolie, en 1865, par le dernier propriétaire.

» Les faits sont trop obscurs ; mais je dois, en passant,

» Si je trouve un grand nom, m'arrêter un instant.

» Quand Gertrude, le soir, près d'un feu qui pétille,

» Vous parle des sanglots de cette jeune fille

» Que son père enfermait dans une vieille tour

» Pour lui faire oublier son galant troubadour :

» Et quand elle remonte à ces temps d'ignorance

» Où des seigneurs, enflés de leur toute-puissance,

» Torturaient leurs vassaux qu'ils jetaient dans les fers

» En inventant pour eux mille tourments divers,

» C'est d'un coup de pinceau qu'elle peint ce vieil âge.

» Nous avons là, tout près, au-dessus d'un village,

» Les débris du château qui laisse à ce pays

» Le plus de souvenirs. On peut les voir, mon fils,

» De ce point élevé placé sur notre tête :

» Les voilà, reposant, superbes, sur le faîte

» D'un immense rocher qu'ils couvrent tout entier ;

» Il fut fort et puissant, ce fut Roche-en-Reynier (1).

(1) La baronnie de *Roche-en-Reynier* fut une des plus puissantes du Velay. Ses possesseurs jouèrent un role brillant dans les affaires du pays. La famille primitive dite de *Roche*, avait une grande puissance dès le commencement du XI⁰ siècle. Le

» Il existait, dit-on, avant le moyen-âge,

» Et ses restes encor luttent contre l'orage.

» Mais que sont devenus tous ces nobles seigneurs

» Qui de ce vieux manoir furent les possesseurs?

» C'est ainsi, mon enfant, que tout périt, tout passe,

» Ne laissant du passé qu'une bien faible trace!

dernier des seigneurs du nom de *Roche* mourut à Meyres, en Vivarais, en 1344. Il ne restait de cette famille qu'une fille, *Jamaque*, qui épousa *Philippe II de Lévis*. La famille de *Lévis* fut maîtresse de la baronnie jusqu'en 1473. Le 7 mai 1473 *Antoine de Lévis* la vendit à *Jean II de Bourbon*. La famille de *Bourbon* le posséda de 1473 jusqu'en 1505. Mais *Charles III, duc de Bourbon-Montpensier,* ayant trahi la cause de la France, ses biens, avec la baronnie, furent confisqués au profit de la couronne jusqu'en 1582. Et, par une sentence du parlement de Paris, cette baronnie fut rendue à *Gilbert III de Lévis, comte de Ventadour.* Elle passa ensuite, en 1674, entre les mains du *marquis de Nérestang* qui la vendit, peu de temps après (1678), à noble *Jourda, seigneur de Vaux,* père du maréchal, dont la famille la garda jusqu'en 1790.

On trouve encore, aux environs de Retournac, d'autres seigneuries : *Le Cortial, Pailloux, Chabanolles, Le Fraisse* qui, depuis 1273 jusqu'en 1616, appartint à l'abbaye du Monastier· Alors Martin Barry, abbé du Monastier, vendit cette propriété à *Noël Jourda,* qui fut le chef de la famille de *Jourda de Vaux.* Cette famille porta, pendant quelque temps, le titre de *seigneur du Fraisse.* Au-dessus du Fraisse se trouve *Gorce,* puis *Beaux,* qui fut anciennement une seigneurie assez importante. Elle appartenait, en 1309, à la famille *Mercuret,* puis, en 1347, à *Amiste de Beaux,* et enfin, au XVe siècle, à la famille *Pastorelle,* qui la posséda jusqu'en 1793.

Voilà comment ma mère, en parcourant les champs,
Savait, par ses récits, charmer tous mes instants
Et, tout en me parlant de ces vieilles tourelles,
Elle cueillat aussi quelques plantes nouvelles,
M'en apprenait le nom, les portait au foyer;
Puis elle les classait le soir dans son herbier.

VI

Les précipices nus qu'on trouve en quittant Roche
Font reculer de peur celui qui s'en approche;
Au lieu de les franchir, tenons-nous à l'écart;
Ils n'ont jamais porté que les pieds du renard.

Là, pour se reposer, quand la fatigue gagne,
On n'a qu'un dur rocher sur l'aride montagne.
Comment trouver un gîte au fond de ces ravins?
La nature avec peine y nourrit quelques pins.
Que ces sites, grand Dieu! sont tristes et sauvages,
Allons chercher ailleurs de plus beaux paysages.

Sous nos pieds, vois Vorey caché sous un rocher;
Où sont donc son église et son petit clocher?

Ils n'ont pas pu s'asseoir au milieu du village,

L'espace est trop restreint dans cet étroit passage :

Les voilà tous les deux sur un maigre versant

Et séparés du bourg par les eaux d'un torrent.

Mais pourquoi cette église en ce lieu si rustique?

Voici, sur ce sujet, ce que dit la chronique :

Un seigneur revenait du vieux château d'Arzon (1),

Bâti sur le ruisseau qui porte encor son nom

Et qui se jette ici dans les eaux de la Loire ;

C'était par une nuit triste, orageuse et noire ;

Il marchait à tâtons ; bientôt il se perdit.

Plus tard, en souvenir de cette horrible nuit,

(1) Arzon est un vieux château bâti dans une gorge de l'Arzon, petite rivière qui vient de l'ouest à l'est se jeter dans la Loire, tout près de Vorey. Vers 1060 *Arbert*, abbé de la puissante famille *de Beaumont*, exerça ses vexations jusqu'à Arzon, En 1089 et 1104, trois frères *Bertrand*, *Vuilleaume* et *Astorg*, seigneurs d'*Arzon* donnèrent au couvent de Chamalières, par l'entremise de l'évêque *Adhémar*, la moitié de l'église de Saint-Pierre-du-Champ, paroisse voisine de leur château. L'autre moitié fut ensuite donnée par autres trois frères : *Girbert*, *Villeaume* et *Eblo*. Vers 1190 et 1200 on trouve autre trois seigneurs d'*Arzon* : *Bertrand*, *Humbert* et *Gérard.* Que devint ensuite cette famille ? on l'ignore. Dans l'*Armorial du Lyonnais*, au mot *Pouzol*, on trouve que ce fief fut transmis, par alliance, aux *Chalencon* au milieu du XIVe siècle.

Il bâtit cette église au fond de la ravine
Et voilà de Vorey quelle fut l'origine (1).

Ici le tableau change, entrons dans l'Emblavai
Que je veux appeler le jardin du Velay.
Quel est ce beau village assis sur une arête ?
On le dirait paré de ses habits de fête,
Tant il est frais et gai ! son nom c'est Saint-Vincent (2).
La Loire, près de là, n'offre plus de courant,
Elle s'est endormie en traversant ces plaines,
Voulant se reposer de ses courses lointaines.
Son sommeil est tranquille au fond de ce bassin
Où naissent en tout temps la pervenche et le thym.

Sur l'autre rive, au bas des côtes rocailleuses,
Nous découvrons Margeix avec ses eaux gazeuses ;

(1) On trouve encore, dans le canton de Vorey, *Mezères,* qui
paraît avoir été une petite ville close : ce fait semble résulter des
vestiges de plusieurs maisons remarqués en dehors du bourg
actuel.

(2) On remarque, dans la commune de Saint-Vincent, les vestiges du prieuré de *Viayes,* création *d'Héracle III de Polignac.*
Et les ruines du château de *Seneuil.*

Adiac, sa vieille tour (1), et·le bourg de Beaulieu
Dont le nom seul suffit pour dépeindre ce lieu.

Recouverte partout de villas, de chaumières,
Cette plaine s'étend jusqu'aux pieds de Rozières,
D'où nous apercevons le château de Chamblas (2),
Tombeau de Marcellange, et plus loin, Glavenas (3).

(1) Adiac était un fief seigneurial appartenant à la famille de *Polignac*.

(2) De nos jours le château de *Chamblas*, est devenu tristement célèbre par l'assassinat de M. *de Marcellange*, époux d'une demoiselle *de Laroche-Négli*, et dernier possesseur de *Chamblas*.

(3) Le voyageur qui gravit la route montueuse avant d'arriver au Pertuis et se retourne sur la droite, s'étonne encore en apercevant les restes du château de *Glavenas*, bâti comme un nid d'aigle au sommet du rocher. Ce site, bien disposé pour la défense, fut choisi de bonne heure et dès les premiers temps si orageux de la féodalité, pour servir de lieu de refuge contre les fréquentes invasions. Dès l'année 1020, un *Astorg* était seigneur de *Clavenas*. Un peu plus tard, vers 1030, *Aguon de Glavenas*, avec ses frères *Guigon*, *Astorg* et *Arimaud*, donnèrent à Chamalières la montagne de Glavenas *(Podium de Glavenas)*. Le château de *Glavenas* fut donné par le roi *Philippe-Auguste* à *Robert de Mehun*, évêque du Puy, sans doute parce que ses seigneurs avaient pris parti pour *Brocard de Rochebaron*, le compétiteur de cet évêque sur le siége du Puy. Il fut rendu à cette famille en 1234 : elle en resta maîtresse jusqu'en 1550, époque où elle s'éteignit. En 1558 une dame *Cosel* ou *Cottel*, dame de

Enfin tout près encore, et sur un nouveau site,

Lardeyrol (1) ; on dirait un vieux pied de marmite :

Peut-on de ses débris faire un tableau plus vrai ?

Mais, avant de quitter la plaine d'Emblavai,

Je veux revoir la Loire au bas de ces collines

Et visiter encor quelques vieilles ruines ;

C'est Lavoûte (2) qui dit, en arrêtant mes pas :

« Où vas-tu, voyageur ? halte ! on ne passe pas,

» Je suis de ces rochers la reine et la maîtresse ! »

Tel on voit un serpent, sous le pied qui le presse,

Se tordre, se roidir, faire un dernier effort

Et, par mille replis, lutter contre la mort :

De même ces rochers, polis comme l'ivoire,

Resserrent de si près les rives de la Loire,

Glavenas, épousa *Claude Polaillon* et transporta cette propriété à la famille *Polaillon*, qui la garda jusqu'en 1790.

(1) En 1494 *Taneguy de Glavenas* était seigneur de *Lardeyrol*. En 1520, *Amblard* ; en 1598, *François de Polignac*, seigneur d'*Adiac* ; en 1628, *François d'Ouzon* ; en 1637, *Hercule de Saint-Martial* ; en 1731, *Ignace-Pascal Lamie* ; et enfin, de 1763 à 1789, la famille *de Veyrac*.

(2) Lavoûte-de-Polignac est bâtie sur les bords de la Loire, au bout de la plaine de l'Emblavais. Ce château appartient encore aujourd'hui à la famille de *Polignac*.

Qu'il semble qu'un géant les étreint dans ses bras ;
Mais le fleuve s'irrite ; il revient sur ses pas,
Puis son onde soudain glisse comme un reptile
Et franchit, en grondant, ce rempart difficile.

Ces gorges où la chèvre avait peine à passer,
Les wagons aujourd'hui peuvent les traverser.
Mais que de travaux d'art ! Pour vaincre ces obstacles,
L'homme a, par son génie, accompli des miracles.
Là sont assis trois ponts l'un à l'autre enchaînés,
S'imposant fièrement à nos yeux étonnés.
Sur ce point, par trois fois, la vapeur se promène
De l'une à l'autre rive, et, sans reprendre haleine,
Elle franchit d'un bond ces gorges, ces fossés
Et ces noirs souterrains que le fer a creusés ;
Elle sort en sifflant de ces côtes arides,
Et vient se reposer de ses courses rapides,
En face du vieux Puy, la ville du Velay :
C'est le Puy que je veux peindre dans cet essai.

VII

Sur le versant abrupt du rocher de Corneille,
Où le soleil sourit dès que l'aube s'éveille,

Et dont l'astre éclatant caresse le contour
Sans le vouloir quitter jusqu'au déclin du jour,
Furent jadis bâtis de vastes édifices
Dont on voit l'origine à leurs vieux frontispices ;
Et chaque monument, sur un autre accoudé,
A traversé les temps qui se sont succédé.

L'un, de la Vierge-Mère auguste sanctuaire,
De son renom immense emplit la France entière ;
Il doit sa vieille gloire aux prodiges nombreux
Qui, des siècles durant, illustrèrent ces lieux.

Il date de l'époque où toute l'Aquitaine,
Grâce à saint Martial, reçut la foi chrétienne.
Les peuples du Velay, dociles à la voix
De l'apôtre intrépide, arborèrent la croix.
Dieu consacra son œuvre à l'aide d'un miracle,
Et l'on bâtit plus tard ce pieux tabernacle
Où l'humble pèlerin vient plier les genoux.
Ce prodige éclatant devait jusques à nous
Témoigner de Marie et la force et la gloire,
Et l'antique légende en conte ainsi l'histoire :

C'était aux premiers jours de la nouvelle loi ;
Une matrone illustre et conquise à la foi,

D'un mal invétéré, plus fort que la science,
Souffrait depuis longtemps. Ferme dans sa croyance,
Fervente, elle pria la Mère de son Dieu,
Qui lui dit : « Va, ma fille, abandonne ce lieu
» Où tu ne peux trouver un terme à ta souffrance ;
» Va sur le mont Anis (1), tu verras ma puissance :
» Si les hommes n'ont pu te rendre la santé,
» En invoquant mon Fils, espère en sa bonté. »

Docile à cette voix, elle partit sans crainte,
Gravit l'âpre versant de la montagne sainte,
Et s'assit à la place où l'on voit un autel ;
Puis elle s'endormit en regardant le ciel.

Or, pendant son sommeil, elle aperçut des anges
Qui fêtaient une reine et chantaient ses louanges :
« Gloire, disaient-ils, gloire à la Mère de Dieu !
» Pour son séjour terrestre elle a choisi ce lieu !
» Heureux ceux qui viendront s'abriter sous son aile !
» On touche presque au ciel quand on est auprès d'elle ;
» Nul ici vainement n'implore sa bonté ! »

_____

(1) La ville du Puy s'appela d'abord *Anis*, et ne commença à prendre le nom de Puy que dans le VIIe ou le VIIIe siècle.

La malade, à ces mots, recouvra la santé.
Ensuite elle entendit une douce harmonie :
Les anges, dans le ciel, accompagnaient Marie.

L'apôtre George alors gouvernait en ces lieux
L'Eglise du Velay. Les temples des faux dieux
S'écroulaient à sa voix. Bientôt la renommée
Lui dit qu'au mont Anis la Vierge bien-aimée
Avait fait un miracle. Il accourut soudain
Pour pouvoir constater ce prodige divin.

Le soleil du printemps réchauffait ces campagnes,
La neige avait fondu sur toutes les montagnes ;
Pourtant elle couvrait encore le plateau.

Le saint arrive ; alors un cerf sort du coteau,
S'élance, et de ses pas laissant la neige empreinte,
De la nouvelle église ainsi trace l'enceinte.
« Hosanna ! hosanna ! cria Georges saisi ;
» C'est là le lieu sacré que la Vierge a choisi. »

Qui pourrait du grand saint nous peindre la surprise?
Mais trop pauvre en ce temps pour bâtir une église,

Il marqua le sommet d'une modeste croix
Et le fit entourer d'une clôture en bois.

Après lui des prélats bien connus par leur zèle,
N'y purent même pas élever de chapelle.
Des miracles pourtant s'y faisaient chaque jour,
Et de Marie au loin ils proclamaient l'amour.
Des pèlerins venaient dans ce lieu solitaire,
Et chaque fois la Vierge exauçait leur prière.
Le jour vint cependant où la Reine du Ciel
Dut avoir et son temple et son splendide autel.
L'évêque saint Vosy résidait à Velaune (1),
Mais la gloire d'Anis l'appelait sur ce cône,
Et l'illustre prélat jeta les fondements
Du monument sacré qu'on bâtit en sept ans (2).
Mais pour qu'il fût vraiment digne de la puissance
De la Mère du Christ, par sa magnificence,
Les fidèles donnaient, donnaient abondamment,

---

(1) Velaune, plus anciennement, du temps des Romains, *Ruessium* ou *Ruessio,* était le siége des premiers évêques du Velay. Les vertus de l'un d'eux, *saint Paulien,* jetèrent tant d'éclat à la ville de Velaune, où il fut enseveli, qu'elle perdit insensiblement le nom qu'elle portait pour prendre celui de *Saint-Paulien.*

(2) L'église Angélique du Puy fut bâtie au VIIe siècle.

Les pauvres leur travail, les riches leur argent,
Et la Vierge du Ciel, par sa douce influence,
Animant le travail, témoignait sa présence.

L'œuvre enfin achevée, on dut, dans un grand jour,
Consacrer l'édifice élevé par l'amour,
Et saint Vosy voulut fixer sa résidence
Dans ce lieu que Marie avait, de préférence,
Choisi dans le Velay. Mais soumis à la loi
Qui régissait l'Eglise et la nouvelle foi,
Il lui fallait d'abord obtenir du Saint-Père
Le droit de consacrer ce nouveau sanctuaire
Et de changer aussi son siége épiscopal.

Dans ce but il allait chercher l'ordre papal.
Il dirigeait ses pas vers la ville éternelle,
Emmenant avec lui le compagnon fidèle (1)
Qui l'avait secondé dans ses rudes travaux,
Lorsqu'avant d'arriver aux pieds de ces coteaux
Que la Loire en passant caresse sur ses rives,

(1) La légende dit que *Vosy* fut secondé, dans la construction
de cette église, par un jeune Romain de race sénatoriale, nommé
Scrutaire ou *Scutaire*, qui était fort habile dans l'art de l'architecture.

Ils trouvèrent, non loin du village de Brives,
Deux vieillards qui portaient dans leurs bras deux
[coffrets :
« Qui vous conduit ici dans nos sombres forêts ? »
Leur demanda Vosy. — « Nous arrivons de Rome, »
Dirent-ils, « nous venons de la part du saint homme
» Qui gouverne l'Eglise et bénit vos efforts,
» Vous porter ces coffrets renfermant des trésors
» Destinés à parer votre nouvelle église.
» Vos vœux sont exaucés et Dieu vous favorise :
» Vous avez en tous points accompli vos devoirs.
» Allez ! soyez en paix, vous avez les pouvoirs
» Que vous alliez d'ici demander au Saint-Père.
» Allez ! et consacrez ce nouveau sanctuaire. »
Les vieillards, à ces mots, s'envolèrent au ciel.

« Hosanna ! qu'il est grand le Seigneur d'Israël !
» S'écria le prélat ; unissons-nous aux anges,
» Dans un même transport chantons tous ses lou-
[anges ! »

On vit alors le peuple accourir à sa voix,
Se ranger humblement à l'ombre de la croix,

Prendre ces deux coffrets qui cachaient des reliques,
Et s'avancer, pieds nus, en chantant des cantiques.

La foule, en arrivant au bas du mont Anis,
Se prosterne à genoux : « Que ces lieux soient bénis! »
Dit l'apôtre, et soudain les portes de l'église
S'ouvrent à deux battants. O merveille, ô surprise!
Comment dépeindre ici le ravissant tableau
Qui s'offrit à la vue au sommet du coteau :
Cette église parut un foyer de lumières
Où les anges du ciel déployaient leurs bannières,
Et chantaient, tous en chœur, des hymnes au vrai Dieu.
C'est ainsi, nous dit-on, que fut béni ce lieu.

VIII

Les Ordres approuvés alors par le Saint-Père
S'établirent bientôt autour du sanctuaire,
Bâtissant en ces lieux de riches monuments.
On surnomma le Puy *la ville des couvents ;*
Et l'un d'eux, Saint-Laurent, renferme les entrailles

De Bertrand Duguesclin qui, dans maintes batailles (1),

Et dans le Gévaudan, et dans le Vivarais,

Appesantit son bras sur l'orgueilleux Anglais.

En ces siècles lointains, que de nombreuses vierges

Se groupèrent autour de la Reine des Vierges !

De tous les monuments que l'on voit aujourd'hui

Se dresser fièrement dans la ville du Puy,

Aucun d'eux ne surpasse en grandeur, en puissance,

Cette immense statue (2), emblème d'innocence,

---

(1) *Duguesclin* mourut à la Bitorelle, sous les murs de Château-Neuf-Randon, le jour même où le gouverneur de cette place lui apporta les clefs de la ville. La tombe (dit M. Montezun dans son *Histoire de Notre-Dame du Puy)* qui attirait le plus les pas et l'attention des visiteurs, c'était celle du connétable *Duguesclin*. Son corps s'arrêta, et même, selon *Médicis*, fut enseveli dans cette église avant qu'il allât dormir dans les caveaux de Saint-Denis, près des dépouilles mortelles du roi son maître. Ses entrailles du moins y furent placées sous un cénotaphe où on lit l'inscription suivante : Ci-gît *noble chevalier et vaillant messire Bertrand Klainkain, comte de Longueville, connétable de France, qui trépassa l'an* mccclxxx, *le XIIIe jour de juillet.*

(2) La hauteur du groupe est de 16 mètres ; le périmètre, de 17. Le pourtour de la tête de l'enfant mesure 4 mètres 80 c. ; et la longueur du serpent, 17 mètres. Les cheveux de la Vierge n'ont pas moins de 7 mètres de long. L'avant-bras a 3 mètres 75 c., et la main 1 mètre 56 c., de la naissance du poignet à l'extrémité des

Qui brille avec éclat au pic du mont Anis.

La Vierge dans ses bras nous présente son fils.

C'est là de nos pays l'honneur et la merveille,

Car pour socle il lui faut le rocher de Corneille.

Aux pieds de ce colosse un homme est bien petit,

C'est à peine un enfant que la Vierge bénit.

Sous le premier Empire, époque de vaillance,

Nos soldats promenant le drapeau de la France

A Marengo, Friedland, Austerlitz et Fleurus,

Prirent assez de bronze aux ennemis vaincus

Pour qu'on pût ériger, sur la place Vendôme,

La colonne qui dit l'histoire du grand homme.

De même, de nos jours, notre auguste Empereur,

Répondant aux désirs d'un vénéré Pasteur,

Lui donna les canons aux champs de la Crimée

Si vaillamment conquis par notre jeune armée.

doigts ; sa largeur est de 1 mètre 02 c. Modelé et fondu en cent pièces, le groupe pèse environ 80,000 kilogrammes. On monte dans l'intérieur de la statue par un escalier tournant à trois étages, éclairés chacun par quatre petites fenêtres, percées aux quatre points cardinaux. (*Guide de l'étranger dans la Haute-Loire,* par H. Malègue.)

Merci pour un tel don, et louange au Prélat
Qui, dans les derniers jours de son apostolat,
Avant d'aller au ciel, sa nouvelle patrie,
Eut le bonheur de voir l'image de Marie
Planer avec orgueil, du haut du mont Anis,
Sur tant de monuments à ses pieds réunis.

Auprès de ce colosse une simple statue
Trouve sa place encor sur cette roche ardue :
C'est celle du Prélat ; elle dira son nom
Aux siècles à venir. Monseigneur de Morlhon
En prière, à genoux, en face du chef-d'œuvre,
Semble implorer Marie et contempler son œuvre.

Le Puy reçut, parmi les nombreux pèlerins,
Des Papes, des Prélats, d'illustres Souverains
Qui vinrent humblement, dans ces lointains parages,
A la Mère du Christ, apporter leurs hommages.
Alors des jubilés donnés en son honneur (1),

(1) Les Souverains Pontifes octroyèrent à la ville du Puy un jubilé chaque fois que l'Annonciation, fête principale de l'Eglise, coïncide avec le vendredi saint. On ne saurait assigner la date précise de cette concession ; mais elle remonte aux temps les plus reculés. (*Histoire de l'église de Notre-Dame du Puy*, par M. Monlezun.)

Augmentèrent encor sa gloire et sa splendeur ;
Et, quand sonnaient ces jours de publique prière,
La foule était si grande autour du sanctuaire,
Que la ville parfois eut peine à contenir
Les nombreux étrangers qu'on y vit accourir.

Mais quand sur la montage on plaça cette image (1),
Le peuple tout entier voulut lui rendre hommage,
Et l'on crut qu'en ce jour toute la chrétienté
Se donnait rendez-vous dans la sainte cité.
Des évêques nombreux avaient quitté leur siége
Pour venir, de bien loin, prendre place au cortége
Qui parcourait la ville et, d'un chant solennel,
Adressait sa prière à la Reine du ciel.
Au cortége ombragé par un épais feuillage,
Les fidèles jetaient des fleurs sur son passage.
Quel plus grand souvenir vivrait dans le pays !

Dans cette immense place au bas du mont Anis,
— Qui ne put contenir, malgré sa vaste enceinte,
Cette foule accourue à la montagne sainte, —
On voyait une estrade élevée en ce lieu

(1) L'inauguration de la statue colossale de *Notre-Dame de France* eut lieu le 12 septembre 1860.

Où vinrent se grouper les ministres de Dieu.

L'un d'eux, donnant carrière à sa mâle éloquence,

De la Mère du Christ proclama la puissance ;

Puis, debout, il bénit, du haut de son fauteuil,

Le peuple prosterné sur la place du Breuil,

Et quand le gros bourdon du temple de Marie

Eut annoncé la fin de la cérémonie,

Alors, au même instant, plus de cent mille voix,

Dans un sublime élan, chantèrent à la fois,

Te Deum laudamus ! Et la grande statue

Baissa soudain son voile et s'offrit à la vue

De ces nombreux chrétiens qui, tombant à genoux,

Répétèrent en chœur : Vierge, priez pour nous !

Un beau soleil d'été reflétait ses lumières

Sur les dômes couverts d'innombrables bannières,

Que le vent de son souffle agitait doucement

Et semblait incliner devant le monument.

IX

Lorsqu'on est au sommet de la montagne sainte,

Que des pieds de la Vierge on plane sur l'enceinte

Où s'étage la ville autour du mont Anis,
Quel spectacle riant s'offre aux regards ravis !

Tout à l'extrémité de ce vallon fertile
Où la Borne en dormant coule son eau tranquille,
Surgit un viaduc dont les nombreux arceaux
S'élancent avec grâce et joignent deux coteaux
Que la vapeur souvent réveille à son passage :
C'est de là que je veux peindre le paysage.

Plaçons d'abord au fond de ce riche tableau
Montredon, si sévère, assis sur son coteau.
Ce vaste bâtiment, qui regarde la plaine,
Nous montre les bienfaits de la vertu chrétienne :
La congrégation de l'ordre d'Augustin,
S'étendant pas à pas sur un vaste terrain,
Vit que pour son projet le sol était propice ;
Alors elle y fonda ce magnifique hospice
Où tant d'infortunés privés de la raison
Trouvent, dans leur malheur, l'abri de Montredon.

Sur la rive opposée, où le luxe domine,
Que de riants châlets couvrent cette colline !
Quand les premiers beaux jours annoncent leur réveil,

Ces versants exposés au regard du soleil,
Se parent en tout lieu de fleurs si variées,
Par la main du printemps si bien coloriées,
Qu'on dirait un tapis soyeux et délicat
Dont le parfum suave enivre l'odorat.

C'est là, dans ces villas si riches, si coquettes,
Que l'habitant du Puy passe les jours de fêtes ;
Et la vigne aux cent bras, fière de ses produits,
Sent ses branches plier sous le poids de ses fruits.

Enfin tout à l'entour de l'église Angélique,
Et comme pour garder la vieille basilique,
D'autres belles villas, tout près du mont Anis,
Embellissent encor ce ravissant pays.

C'est ainsi que le Puy, groupé sur la montagne,
A tous les points saillants de sa belle campagne
Couverts de bâtiments partout si rapprochés,
Qu'ils forment tout autour de ses murs ébréchés,
Comme une immense ville ayant, dans son enceinte,
Ses temples réunis sur la montagne sainte.

Dans une riche plaine, aux pieds de ces coteaux
Que la Borne, en passant, féconde de ses eaux,

Et sur les bords riants de ses rives fleuries,
Un immense rocher surgit de ces prairies.

Ce rocher isolé, tout nu, d'un bel aplomb,
S'élève en pyramide au sein de ce vallon :
Il mesure en hauteur près de deux cents coudées
Et ses proportions, exactement gardées
De la base au sommet, frappent le visiteur
Qui contemple, étonné, sa forme et sa hauteur.

Truan, doyen du Puy, bâtit une chapelle (1)
A la place où jadis était une tourelle
Qui portait, dans ces temps, le nom de *Séguret* (2).
Cette église, à la cime, est du plus bel effet,
Et sa construction, bizarre et pittoresque,
Donne à ce cône roux un aspect gigantesque.
Elle fut dédiée à l'archange Michel,
Et ce géant porta le nom de *Saint-Michel*.

A ses pieds même assis, le village d'Aiguilhe
Nourrissait un enfant sans ami, sans famille ;
Ah ! sans doute la Vierge alors veillait sur lui,

(1) Cette chapelle fut bâtie en 962.
(2) *Séguret* ou *lieu sûr.*

Car son nom restera dans la ville du Puy.

Jeune encore il quitta cette terre bénie,

N'emportant, pour tout bien, que son profond génie.

Mais bientôt il devint un habile ouvrier :

Les métaux, sous la main du fondeur Crozatier,

En prenant avec art une forme nouvelle,

Aux artistes souvent servirent de modèle.

Puis ce pauvre orphelin grandit et prospéra,

Et, grâce à son talent qui toujours l'inspira,

Il parvint à chasser la détresse importune,

Et la roue attachée au char de la fortune

Ayant tourné pour lui, ses regards de nouveau

Se portèrent joyeux vers son humble hameau.

Il revint au pays ; c'était là sa famille,

Il l'adopta. Plus tard on vit, dans cette ville,

S'élever, par ses dons, de riches monuments

Qui sont de la cité les plus beaux ornements.

C'est à lui que l'on doit cette belle fontaine

De la place du Breuil, et plus loin, dans la plaine,

Le musée, autrefois si pauvre de décors,

S'élève grandiose et fier de ses trésors.

On trouve, en parcourant ce riant paysage,

Le nom de Crozatier partout sur son passage.

Au bout de cette plaine est un riche vallon

Qu'arrosent, dans leurs cours les eaux du Dolaison.

Des maisons de campagne embellissent ces sites,

Et l'établissement des Pères jésuites

Occupe, presque seul, le fond de ce bassin ;

C'est Vals, frais et coquet comme un joli jardin.

Dans une autre vallée, en remontant la Borne,

On trouve les débris d'un château sombre et morne,

C'est le vieil Espaly (1) ; ce manoir bien longtemps

Aurait pu résister à l'orage du temps ;

(1) « Le château d'Espaly fut bâti vers le milieu du XIII° siècle par *Guillaume de Laroue*, évêque du Puy. En 1394 *Ithier de Montreuil*, évêque du Puy, y reçut le roi *Charles VI*. En 1422 le *dauphin* y apprit la mort du roi *Charles VI* son père, et y reçut le serment de fidélité de tous les principaux vassaux du Languedoc. *Jean de Bourbon* termina la construction de ce château en 1486. Il fut ruiné par les religionnaires (1562). Il tomba de nouveau en leur pouvoir (1573). Il fut rendu par capitulation aux catholiques, en 1574. L'évêque du Puy s'y retira pendant la ligue et le fit fortifier (1589). Les assemblées du Velay s'y réunirent diverses fois (1589). Il fut assiégé et pris par les ligueurs, et le baron de *Saint-Vidal* en fit sauter toutes les voûtes (1590). Il fut fortifié par *Chambaud*, assiégé de nouveau par les ligueurs et obligé de capituler (1591). Il fut ruiné par les ligueurs, qui y mirent une garnison. » *(Histoire du Velay, par M. Arnaud.)*

Mais Saint-Vidal le prit et fit sauter ses voûtes :
Il ne reste plus rien de ses fortes redoutes.

Si le castel n'est plus, les coteaux d'alentour
Sont garnis de villas. Quel ravissant séjour !
Ces lieux ont inspiré les rêves d'un poète,
L'honneur de ces vallons, Charles de Lafayette,
Géologue, agronome, élégant écrivain,
Savant, il touche à tout et ce n'est point en vain ;
Son poème des champs qu'il sut si bien décrire,
Mérita des lauriers illustres à sa lyre.

Là mourut plein de jours le général Pellion ;
Les échos de ces bois répéteront son nom.

Ah ! que ne puis-je ici chanter tous les grands
                                        [hommes
Dont s'honore le Puy dans les temps où nous sommes !
Ces docteurs, ces savants et ces vaillants guerriers
Qui sur les champs d'honneur cueillirent des lauriers :
Leurs portraits, déjà peints par des mains plus habiles,
Sans doute perdraient trop sous mes pinceaux dé-
                                        [biles (1).

(1) A consulter : 1° l'*Histoire politique et littéraire de l'ancien*

X

Sortons, quoique à regret, de ce joli vallon,
Et du touriste, ami, reprenons le bâton.

L'accès du Puy longtemps fut rude et difficile :
Point de route tracée autour de cette ville ;
Pour aller à Velaune on suivait un sentier
Qu'obstruaient bien souvent la ronce et l'églantier.
Maintenant on y trouve un chemin qui serpente
Et dont on a si bien su ménager la pente,

Velay, par M. Francisque Mandet qui (dit M. Dumolin dans sa
Biographie des officiers généraux de la Haute-Loire), donne
sur nos artistes et nos hommes de lettres des notices où se
trouvent réunies l'exactitude des recherches, la grâce de l'anec-
dote et la justesse des appréciations : nul après lui n'oserait y
retoucher, ce sont des portraits de maître qui n'attendent plus
que leur place dans la galerie départementale. — Consulter encore : 2° l'*Histoire du Velay*, par M. Arnaud ; 3° l'*Eglise Angélique* ou l'*Histoire de Notre-Dame du Puy*, par M. Monlezun,
chanoine ; 4° la *Bibliographie Vellavienne*, par M. l'abbé Sau-
zet ; 5° *Notice biographique des médecins de la Haute-Loire*,
par M. Richond des Brus ; 6° *Le Guide de l'étranger dans la
Haute-Loire*, par M. H. Malègue ; 7° *La Biographie des officiers
généraux de la Haute-Loire*, par M. Dumolin, etc., etc.

Qu'on parvient lentement au sommet du plateau,

En suivant les contours d'un gracieux coteau.

Mais, avant d'arriver haletant sur la crête,

Le voyageur souvent se retourne et s'arrête

Pour contempler encor ce ravissant tableau

Où repose le Puy comme dans un berceau.

Ensuite ses regards, se portant sur l'espace,

De quelques souvenirs il voit partout la trace.

Là, d'antiques châteaux dominent des vallons (1)

Qu'au printemps la nature enrichit de ses dons.

Plus loin de vieux débris lui disent le passage

Des Romains, ces vainqueurs redoutés d'un autre âge.

Ces campagnes partout présentent à ses yeux

Des sites variés, des restes précieux.

---

(1) Le touriste, en parcourant les environs du Puy, remarquera les ruines du château de *Mons*, qui est presque de sa banlieue ; les riches vestiges des châteaux du *Villars*, de *Servissac*, de *Saint-Germain*, et les ruines de l'abbaye de *Doue*, bâtie en 1138. Et, sur la rive gauche de la Loire, *Poinsac*, *Volhac*, la tour de *Jandriac* et les beaux restes du manoir de *Latour-Daniel* ; et, poursuivant sa course au nord, il admirera le beau vallon creusé par la Cheysse, la brèche de Ceyssac et les ruines de ce manoir, puis *Cussac*, près de Polignac. Il trouvera encore, tout près du Puy, l'abbaye de la *Chartreuse* qui avait été bâtie en 1627, et qui est aujourd'hui un petit séminaire.

Dans ce riche bassin, aux pieds de ces montagnes,

Couvert presque en entier de fertiles campagnes,

Vois, sur ce rocher nu, cet immense donjon

Qui, des vieux Polignac, porte encore le nom (1).

(1) Il y aurait une histoire à faire sur la maison de *Polignac*, mais cette histoire serait celle du Velay. *Armand Ier* vivait en 1503. Il fut le père d'*Etienne*, ce scandaleux évêque de Clermont qui mérita le nom peu canonique de *Brise-Fer*, et deux autres fils *Pons Ier* et *Héracle II*, qui s'attaquèrent à l'évêque *Adhémar ;* *Héracle* mourut en Palestine (1098). Puis *Armand II*, fils de *Pons*. qui associe à ses brigandages ses deux fils *Pons II* et *Héracle*. Ensuite *Héracle III*, un fils de *Pons II* et le plus brutal des barons de son temps, qui fait amende honorable et fonde le prieuré de *Viaye*, commune de Saint-Vincent (mort en 1190). *Pons V*, qui se croise avec *saint Louis* et meurt en Orient. *Randon Ier* dit *Armand VI le Grand*, dont le frère, *Armand VII*, est le dernier des *Polignac*. Le chroniqueur et le généalogiste s'occupent, dès 1421, des *Chalencon-Polignac*. Ils signalent, entre autres, le cardinal *Armand le Justicier* et arrivent aux contemporains :

Armand Jules-François. premier duc de *Polignac*, mort en 1817 ; il avait épousé *Yolande Gabrielle de Palestron*, amie intime de la reine *Marie-Antoinette*. Un de ses fils, *Armand-Marie-Jules-Auguste*, pair de France le 17 mars 1816, ambassadeur à Londres, ministre de *Charles X*, prince de l'*Eglise romaine*, mort le 20 mars 1847.

Les ruines du château de Polignac sont fort belles assurément, mais elles nous donnent froid au cœur, parce qu'elles nous font jeter un regard dans le passé, et nous nous surprenons à comparer le mal et le bien que les seigneurs de ce redoutable castel firent au pauvre Velay. *(Guide de l'étranger dans la Haute-Loire*, par M. H. Malègue.)

Ces seigneurs, abrités sous leurs vieilles tourelles,
Eurent à démêler de fréquentes querelles
Soit avec les voisins, soit avec les prélats,
Seuls rivaux dignes d'eux en d'incessants débats.
Insolents, orgueilleux, enflés de leur puissance,
Ils furent par moment d'une telle arrogance,
Qu'on les vit, maintes fois, arrêter les passants
Et prélever sur eux des droits exorbitants.

Les évêques du Puy, pour obtenir justice,
Et faire enfin cesser maint facheux préjudice,
Réclamaient fréquemment l'appui du souverain
Ou défendaient leurs droits les armes à la main.

C'est ainsi que le Puy dut à cette famille
D'être souvent en butte à la guerre civile ;
Et quand de mauvais jours pesaient sur le pays,
C'était dans ce castel, dont on voit les débris,
Qu'ils se réfugiaient sans qu'on pût les atteindre.

Ce grand nom fut un jour sur le point de s'éteindre :
Il tombait en quenouille ; alors un Chalencon (1)
Fit la branche nouvelle et conserva le nom.

(1) Chalencon est un des plus vieux manoirs du Velay, on

. Tout près, voilà Nolhac avec sa ferme-école
Où le jeune homme acquiert la science agricole ;
Elle se montre à nous sous un aspect nouveau :
Tout respire l'aisance autour de ce hameau ;
Les travaux, dirigés par une main habile,
Ont doublé les produits d'une terre fertile.

Cette ferme prospère et touche à Saint-Paulien (1)
Qui fut l'humble berceau du grand sculpteur Julien,
L'artiste du Velay. Que j'aime cette ville !
J'y trouvais, tout enfant, un paternel asile :
De ton fils bien-aimé je partageais les jeux,
O ma tante ! Et ton cœur nous accueillait tous deux.
Je veux revoir l'église où souvent, en prière,
Tu demandais pour nous un avenir prospère.

trouve ses ruines près de Saint-Pal, au fond d'une gorge de l'Ance. Sa chapelle existe encore de nos jours ; on y célèbre la messe une fois par an. En 1349 *Guillaume de Chalencon*, ayant épousé *Valpurge de Polignac*, un de ses enfants, *Pierre*, hérita de toutes les possessions de la famille de *Polignac*, et fit la branche de *Chalencon-Polignac*, qui existe encore aujourd'hui.

(1) Le lieutenant-général baron *Daurier Charles* naquit à Saint-Paulien, le 29 juin 1760. Le conseil municipal de cette ville a inauguré son portrait dans une salle de la mairie, en septembre 1834.

Mais j'aime aussi ces champs, je veux les parcourir ;
J'y trouve à chaque pas un nouveau souvenir,
En visitant surtout ces vallons et ces plaines
Où campèrent jadis les légions romaines.
Tout me rappelle ici le vieux *Ruessium*
Qui, dans les temps passés, fut *urbs Romanorum*.

Au nord de Saint-Paulien, et sur une éminence,
Deux pans de murs debout forment une potence,
Ce sont les seuls débris de l'antique château
Qui des barons d'Allègre abrita le berceau (1).
Ce nid d'aigle, perché sur ces rochers sauvages,
Put braver bien longtemps la guerre et ses orages.
On dit que ce guerrier, si fier et si vaillant,
Célèbre sous le nom de *beau chevalier blanc*,
Avait reçu le jour sur cette vieille roche ;
Il fut, comme Bayard, sans peur et sans reproche.

Quel est encor là-bas, dans ce site désert,
Ce manoir presque intact ? c'est Laroche-Lambert ;

(1) La famille *d'Allègre* a donné à la France, dans ces derniers siècles : *Claude Yves*, *marquis d'Allègre*. nommé maré-
chal-de-camp en 1649 ; et *Yves*, *marquis d'Allègre*, créé
maréchal de France le 2 février 1724.

Quoique ce noir château date du moyen-âge,

Les Laroche-Lambert l'ont gardé d'âge en âge,

En conservant entier le toit de leurs aïeux,

Honneur à ce vieux nom et respect à ces preux.

Ah! que de souvenirs! que de nobles ruines

Occupent une place encor sur ces collines !

Ici fut Saint-Vidal, dont les puissants seigneurs (1),

Furent toujours mêlés au parti des ligueurs.

Plus loin Bouzols, garni de ses tours crénelées (2),

Du haut de son rocher domine deux vallées

Recouvertes partout de si belles villas,

Que pour les contempler je ralentis mes pas.

---

(1) La famille de *Saint-Vidal* joua un grand rôle dans le Velay pendant les guerres de la ligue.

(2) Vers 1063 il existait une famille seigneuriale dite de *Bozols (Bouzols)*. Cette famille se composait de *Gérald de Bouzols*, de sa femme *Galma*, fille de *Bertrand Archaci*, et de leurs enfants *Gérald* et *Pierre*. Parmi les familles qui possédèrent cette antique et puissante seigneurie, nous trouvons, en 1196, *Jousserand de Saint-Romain*. En 1300 *Eymar*, comte *de Poitiers*. En 1320 *Armand*, vicomte *de Polignac*. En 1352 *Roger de Beaufort*, vicomte *de Turenne*. Enfin en 1623 cette seigneurie passa, par vente ou par alliance, à la famille *de Montaigut*, qui la garda jusqu'en 1789.

Là, Coubon si joli, nonchalamment s'incline
Sur les bords de la Loire, au bas de la colline.
Que ne peut-on toujours rêver dans ce pays
Si riche, si riant, frais comme une oasis !
On dirait qu'en ces lieux la coquette nature
A pris tout ce qu'elle a de riche en sa parure.

Il faut pourtant quitter ces merveilleux coteaux
Pour aller explorer d'autres sites moins beaux ;
Dans ce vieux Monastier, couché sur cette pente (1),
Etait une abbaye entre toutes puissante.

Nous trouverons bientôt le manoir de Capdeuil (2),
Dont on a fait plus tard Saint-Julien-le-Chapteuil.

(1) Le couvent du Monastier fut bâti en 680 par *Colmin* ou
Colmilius, Auvergnat de naissance, et de famille sénatoriale. Ce
puissant monastère subsistait encore, sous la règle de saint Be-
noît, en 1787.

(2) Le village de Chapteuil est au pied de la haute butte qui
porta les ruines du célèbre château de *Capdeuil*, dont on a fait
Chapteuil. On devine que c'est ici la place de *Pons de Capdeuil*,
illustre troubadour du XIIe siècle ; riche, aimable, brave et malheureux chevalier autant que beau diseur. Habile à trouver,
violonner et chanter, il célébra *Marie de Ventadour*, la comtesse
de Monferrand, la vicomtesse *d'Aubusson*, surtout la dame *de
Mercœur*. A la mort de celle-ci il se croisa et mourut outre-mer
(*Guide de l'étranger dans la Haute-Loire*, par M. H. Malègue).

C'est là que Pons chantait les amours de sa belle ;

Mais l'implacable mort la frappa de son aile.

Pour oublier sa peine et son chagrin amer,

Pons se croisa, dit-on, et mourut outre-mer.

Puis nous visiterons les vieux murs de *Guerrière* (1).

On a changé son nom en celui de *Queyrière*,

Et, sans nous arrêter plus longtemps en ces lieux

Où tant d'autres débris parlent de nos aïeux,

Nous irons nous asseoir un instant sur les rives

Du beau lac de Saint-Front, dont les eaux sont si vives ;

Ce gouffre fut jadis la gueule d'un volcan

D'où s'échappait le feu qui sortait de son flanc :

Lorsque ce vieux cratère eut vomi ses entrailles,

Qu'une épaisse fumée eut noirci ses murailles,

(1) Le château de *Queyrières*, situé dans la commune qui porte aujourd'hui son nom, fut un poste militaire assez important, aussi l'appelait-on primitivement *Guerrière*. A la fin du XII siècle, il appartenait à la puissante famille *de Fay*. En 1300 il appartenait, par alliance, à la famille *Poitiers-Valentinois*. En 1340, à la famille *de Crussol*. Au commencement du XVI siècle *Claude Pichon* est baron de *Queyrières*, et sa fille transporta cette baronnie à *Claude de Luzy-Pélissac*. En 1589 la baronnie appartenait à la famille *Saignard ;* un membre de cette famille assistait, en 1732, aux états du Velay. Après cette époque, elle fut divisée entre les différents successeurs aux biens de la famille des *Saignard.*

Il lui fallut ces eaux, après tant de labeur,
Pour étancher sa soif et calmer sa fureur.

Enfin nous gravirons ces neigeuses montagnes
Qui, comme des géants, dominent ces campagnes,
Et nous pourrons, ami, du sommet du Mezenc,
Embrasser du regard un horizon sans fin !!!

www.ingramcontent.com/pod-product-compliance
Lightning Source LLC
Chambersburg PA
CBHW052055090426
42739CB00010B/2192